Dr. med. Frank Hübner

Mit Brustkrebs leben

SERIE GESUNDHEIT
PIPER/C & H
Band 2087

Zu diesem Buch

Wie geht es weiter, wenn die Diagnose »Brustkrebs« gestellt worden ist? Das vorliegende Buch soll allen Betroffenen und deren Angehörigen die Angst vor dem Umgang mit der Krankheit Brustkrebs nehmen. Zugleich will der Autor den Lesern Mut machen, sich mit dieser bedrohlichen Krankheit in der richtigen Form auseinanderzusetzen. Das Thema »Brustkrebs« wird leicht verständlich und umfassend dargestellt. Vor allem behandelt der Autor ausführlich und aktuell die vielfältigen Behandlungsmöglichkeiten. Er erklärt, wie den Patientinnen nach operativen Eingriffen zusätzlich bei der Bewältigung der Krankheit geholfen werden kann.

Frank Hübner, Dr. med., geboren 1960 in Viersen/NRW, studierte Medizin an der Universität Düsseldorf, 1986 Beginn der Ausbildung zum Frauenarzt an der Universitätsfrauenklinik Aachen. Seit 1989 an der Frauenklinik des Stadtkrankenhauses Worms (Lehrkrankenhaus der Universität Mainz), dort Oberarzt. Schwerpunkte seiner Arbeit sind die umfassende Versorgung an Krebs erkrankter Frauen, ihre psychologische Betreuung und soziale Wiedereingliederung.

Dr. med. Frank Hübner

Mit Brustkrebs leben

INFORMATIONEN UND RATSCHLÄGE

Mit 14 Abbildungen und 5 Tabellen

PIPER MÜNCHEN
CHAPMAN & HALL WEINHEIM

SERIE GESUNDHEIT
PIPER/C&H

Dr. med. Frank Hübner
Oberarzt der Frauenklinik
Stadtkrankenhaus
Gabriel-von-Seidl-Straße 81
67550 Worms

In diesem Buch enthaltene Dosierungsangaben wurden mit aller Sorgfalt überprüft. Dennoch übernehmen Autor und Verlage – auch im Hinblick auf mögliche Druckfehler – keine Gewähr für die Richtigkeit. Dem Leser wird empfohlen, sich vor einer Medikation in jedem Fall über Indikationen, Kontraindikationen und Dosierung anhand des Beipackzettels oder anderer Unterlagen des Herstellers zu unterrichten. Das gilt insbesondere für selten verwendete oder neu auf den Markt gekommene Präparate.

ISBN 3-492-12087-3
Originalausgabe November 1994
R. Piper GmbH & Co. KG, München

Umschlag: Federico Luci
Foto: Image Bank, München
Gesamtherstellung: Clausen & Bosse, Leck
Printed in Germany

Für Claudia, Anna Christin und Julia

Inhalt

Vorwort

Das vorliegende Buch soll den Betroffenen und ihren Angehörigen die Angst vor dem Umgang mit der Krankheit Brustkrebs nehmen. Jedes Kapitel ist in sich abgeschlossen, so daß nicht unbedingt das ganze Buch gelesen werden muß, um einzelne Kapitel zu verstehen.

In verständlicher Sprache wird zunächst erklärt, was Brustkrebs ist und wie er entsteht. Die Chance der Früherkennung durch Selbstuntersuchung und durch die Krebsvorsorge wird dargestellt. Ausführlich und kritisch werden alle derzeit gebräuchlichen Diagnose- und Therapieverfahren besprochen. Dazu gehören auch die biologischen Behandlungsformen.

Besonderer Wert wird auf die Tumornachsorge gelegt. Die Möglichkeiten der privaten, sozialen und beruflichen Wiedereingliederung spielen dabei eine wichtige Rolle. Der Leser erfährt, daß auch bei fortgeschrittenen Krankheitsverläufen zahlreiche Hilfen möglich sind. Es werden konkrete Ansprechpartner und Adressen genannt. Außerdem befinden sich ein Medikamentenspiegel und eine kleine Literaturauswahl im Buch.

Ich danke meiner Frau für die geduldige Erstellung des Manuskriptes und allen Patientinnen und Kollegen für ihre wertvollen Hinweise und Anregungen.

Ich wünsche den Leserinnen und Lesern, daß dieses Buch die Krankheit Brustkrebs verständlich macht und damit Kraft und Mut gibt, sich mit dieser bedrohlichen Erkrankung auseinanderzusetzen.

Worms 1994 *Frank Hübner*

1 Was ist eigentlich Brustkrebs?

Häufigkeit

Brustkrebs ist die häufigste bösartige Erkrankung der Frau. Allein in Deutschland treten jährlich über 30000 Neuerkrankungen auf. Das bedeutet, daß statistisch gesehen jede zehnte Bundesbürgerin im Laufe ihres Lebens an Brustkrebs erkrankt. Dabei ist die Tendenz sogar noch zunehmend. Der Häufigkeitsgipfel verschiebt sich immer mehr zum jüngeren Lebensalter hin. Jede Leserin und jeder Leser wird früher oder später in seiner Verwandtschaft oder in seinem Bekanntenkreis mit betroffenen Frauen zusammenkommen oder vielleicht selbst an Brustkrebs erkranken.

Entstehung

Krebs entsteht, wenn sich in einem Gewebe einzelne Zellen plötzlich unkontrolliert vermehren, dabei schrankenlos in ihre Umgebung vorwachsen und das gesunde Gewebe zerstören. Beim Brustkrebs stammen diese Zellen aus den Milchgängen oder aus dem Brustdrüsengewebe. Es gibt nicht nur einen Brustkrebs. Je nach Herkunft und Zellart entwickeln sich in ihrem Verhalten durchaus unterschiedliche Tumore. Am häufigsten wächst der Brustkrebs im oberen äußeren Viertel (Quadrant) der Brust. Aber auch jede andere Region der Brust kommt als Entstehungsort in Frage. Die prozentuale Verteilung zeigt Abbildung 1-1.

Es können gleichzeitig mehrere Knoten entstehen (multizen-

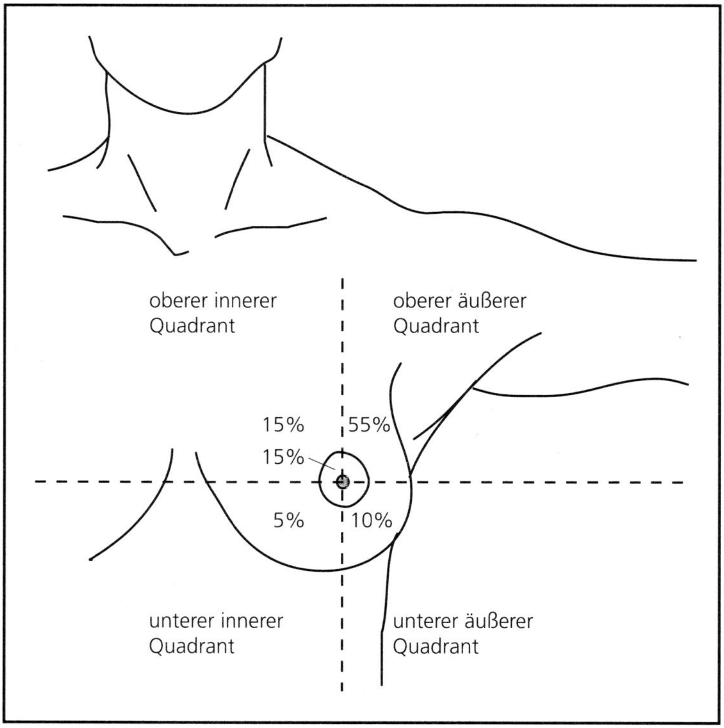

Abb. 1-1: Prozentuale Verteilung von Brustkrebs in den verschiedenen Brustanteilen

trisches Mammakarzinom) oder auch beide Brüste betroffen sein (bilaterales Mammakarzinom).

Neben der örtlichen Zerstörung von gesundem Brustgewebe ist die Hauptgefahr in der Streuung von Krebszellen zu sehen. Brustkrebszellen können sich aus dem bösartigen Tumorknoten lösen und wandern in Lymph- und Blutgefäße ein. Sie werden fortgeschwemmt und bilden an anderen Stellen des Körpers *Tochtergeschwülste* (*Metastasen*). Brustkrebszellen wandern bevorzugt in Lymphgefäße und setzen sich in Lymphknoten fest. Da über fünfzig Prozent der Brustkrebserkrankungen im oberen äußeren Viertel der Brust entstehen, sind meistens die Lymphknoten der entsprechenden Achselhöhle zuerst betroffen. Es kommt vor, daß zunächst verdickte Lymphknoten auffallen, ohne daß bereits ein Brustkrebs getastet werden kann.

Wenn Krebszellen in die Blutbahn eindringen, setzen sie sich beim Brustkrebs besonders häufig im Knochensystem, in der Leber, in der Lunge, zuweilen auch im Gehirn fest. Einzelne Krebszellen werden vom Körper mit Hilfe unterschiedlicher Abwehrmechanismen bekämpft. Nur wenn dieses *Immunsystem* nicht mehr ausreichend arbeitet, beginnen die veränderten Zellen ihr unkontrolliertes Wachstum und zerstören gesunde Organe.

Leider gehört der Brustkrebs zu den Krebsarten, die frühzeitig Absiedlungen bilden.

Je kleiner der entdeckte Brustkrebs ist, um so geringer ist die Wahrscheinlichkeit einer Streuung und um so größer die Heilungschance.

Die Entdeckung eines kleinen Brustkrebses wird häufig erst durch entsprechende *Vorsorgeuntersuchungen* möglich, da der Krebsknoten in der Brust normalerweise keinerlei Beschwerden macht. Schmerzen sind kein Frühsignal! Sie treten aber oft bei fortgeschrittenen Befunden auf. Natürlich hat der beidseits auftretende, häufig mit der monatlichen Blutung zusammenfallende Brustschmerz nichts mit Brustkrebs zu tun.

Besondere Brustkrebsformen

Manchmal wächst ein Milchgangskrebs frühzeitig in Richtung Brustwarze und führt dort zu ekzemartigen, nässenden Veränderungen. Diese Krebsform heißt *Morbus Paget*. Sie wird häufig nicht richtig erkannt und deshalb unzureichend als Hautkrankheit behandelt. Salben sind in diesen Fällen völlig sinnlos und verzögern eine erfolgversprechende Therapie. Es sollte unbedingt ein Arzt, der sich sehr gut mit Brusterkrankungen auskennt, aufgesucht werden, um eine schnelle Diagnose und anschließende Therapie zu ermöglichen.

Zuweilen sieht ein Brustkrebs wie eine Brustentzündung aus und kann damit verwechselt werden. Diese Krebsform wird *inflammatorischer Brustkrebs* genannt. Bei jeder Brustentzündung außerhalb des Wochenbettes muß eine Krebserkrankung durch den behandelnden Arzt ausgeschlossen werden.

Sowohl die Diagnose eines Morbus Paget als auch der inflammatorische Krebs können häufig nur durch eine operative Gewebeentnahme gesichert werden, zu der man sich rechtzeitig entschließen sollte.

2 Warum habe gerade ich Brustkrebs?

Ursachen

Die Frage, warum die eine Frau an Brustkrebs erkrankt, die andere aber nicht, ist derzeit nicht eindeutig zu beantworten. Sicher ist, daß es nicht einen einzelnen Grund für die Entstehung von Brustkrebs gibt, sondern daß eine Vielzahl von Ursachen in unterschiedlichem Zusammenwirken verantwortlich ist. Die Krankheit Brustkrebs ist deshalb sehr vielschichtig und darf weder von der betroffenen Patientin noch von dem behandelnden Arzt in eine starre Schablone gebracht werden. Folgende Ursachen können bei der Brustkrebsentstehung eine Rolle spielen:

- falsche Ernährung
- genetische Faktoren
- gestörter Hormonhaushalt
- Umweltfaktoren
- Viren, Onkogene.

Bei der *Ernährung* scheint vor allem ein übermäßiger Fettverzehr die Wahrscheinlichkeit zu erhöhen, an Brustkrebs zu erkranken. In Ländern mit einem geringen Fettverbrauch pro Kopf, wie beispielsweise in Japan oder in Lateinamerika, ist die Erkrankungsrate wesentlich niedriger als in Ländern mit hohem Fettkonsum, also zum Beispiel bei uns in Mitteleuropa oder in den Vereinigten Staaten. Auch im Tierversuch ließ sich durch fettreiche Nahrung Brustkrebs auslösen.

Möglicherweise spielen weitere Nahrungsfaktoren eine bedeutsame Rolle. So werden dem Halbmetall Selen und dem Vitamin A eine gewisse Schutzfunktion nachgesagt. Allerdings stehen wissenschaftliche Beweise dafür noch aus.

Eine familiäre Häufung von Brustkrebserkrankungen ist gesichert, so daß auch *genetische Faktoren* mitverantwortlich gemacht werden müssen. Dies gilt vor allem, wenn bei Verwandten 1. Grades, also bei Mutter oder Schwester, vor Eintritt in die Wechseljahre ein Brustkrebs entstanden ist.

Dem *Hormonhaushalt* der Frau kann bei der Brustkrebsentwicklung eine wichtige Bedeutung zukommen. Besonders die *Östrogene* können das Krebswachstum fördern, vor allem dann, wenn andere Hormone, zum Beispiel die Gestagene oder die Androgene, im Blut erniedrigt sind. Solche Hormonverteilungen kommen typischerweise nach den Wechseljahren vor. Das erklärt, warum der Brustkrebs der älteren Frau meistens hormonempfindlich reagiert und mit einer Hormontherapie behandelt werden kann.

Umweltfaktoren begünstigen sicher die Brustkrebsentstehung, beispielsweise Strahlung, chemische Stoffe und Genußgifte wie Alkohol und Nikotin. Diese Zusammenhänge müssen noch weiter erforscht werden.

Möglicherweise sind *Viren* fähig, beim Menschen Brustkrebs zu erzeugen, indem sie genetisches Material, sogenannte *Onkogene*, in gesunde Zellen einschleusen, die dadurch zum Brustkrebs führen. Dabei spielt das *Immunsystem* der Frau eine wichtige Rolle. Wenn die eigenen Abwehrmechanismen versagen, wird ein Ausbruch der Krebserkrankung wahrscheinlicher.

Auch wenn den Viren eine Rolle bei der Krebsentstehung nachgesagt wird, ist Brustkrebs, wie jede andere Krebserkrankung, nicht ansteckend!

Neben diesen Ursachen trägt jede Frau zusätzlich ihr persönliches Risiko. Folgende wichtige Risikofaktoren erhöhen die Wahrscheinlichkeit, Brustkrebs zu bekommen:

- frühere Brustkrebserkrankung
- bekannte Brustkrebsvorstufen (Prechtel III)
- frühere Krebserkrankungen (Gebärmutter, Eierstock, Darm)
- Alter über 50 Jahre
- Beginn der Monatsblutungen vor dem 12. Lebensjahr
- Ende der Monatsblutungen nach dem 52. Lebensjahr
- seltene Monatsblutungen, fehlende Eisprünge
- keine Schwangerschaften
- erste Geburt nach dem 35. Lebensjahr
- Übergewicht
- Diabetes mellitus.

Wer bereits einmal an Brustkrebs erkrankt war, ist für eine Neuerkrankung mehr gefährdet. Auch Krebsvorstufen wie Mastopathien mit Zellveränderungen, nach ihrem Schweregrad Prechtel III genannt, führen häufiger zum Brustkrebs. Frauen, die bereits wegen anderer Krebsarten behandelt wurden, erkranken ebenfalls öfter an Brustkrebs. Dies trifft unter anderem bei vorausgegangenem Gebärmutter-, Eierstock- oder Darmkrebs zu.

Die Brustkrebshäufigkeit steigt mit zunehmendem Alter. Bei an Brustkrebs erkrankten Frauen finden sich häufiger in ihrer Vorgeschichte ein früher Beginn der Monatsblutung und ein später Eintritt in die Wechseljahre, seltene Periodenblutungen und ausbleibende Eisprünge, fehlende Schwangerschaften oder Geburten erst nach dem 35. Lebensjahr. Diese Angaben weisen auf den hormonellen Zusammenhang bei der Brustkrebsentstehung hin. Zusätzlich erhöht sich das Krebsrisiko bei deutlichem Übergewicht und bei Diabetes mellitus.

Dieses Kapitel veranschaulicht, daß die Frage: »Warum habe gerade ich Brustkrebs?« kaum beantwortet werden kann. Die Vielzahl von Ursachen, die sich gegenseitig beeinflussen, läßt sich im Einzelfall nicht aufschlüsseln. Eine Vermeidung aller möglichen Risikofaktoren ist im normalen Leben gar nicht möglich und wäre auch keine Garantie, von dieser Krankheit verschont zu bleiben. Es gibt keinerlei Grund zum Grübeln über das eigene Schicksal oder gar für Selbstvorwürfe. Für den weiteren Verlauf der Erkrankung ist es viel wichtiger, nach vorne zu schauen und bewußte Entscheidungen zu treffen. Ein langer, oftmals beschwerlicher Weg ist erforderlich, um den Brustkrebs zu überwinden. Die folgenden Kapitel sollen Ihnen bei diesem Weg helfen.

3 Wie wird Brustkrebs erkannt?

Veränderungen der Brust sind im Vergleich zu Veränderungen anderer Organe häufig einfach aufzuspüren. Damit bietet sich die Chance einer wirklichen *Tumorfrüherkennung*. Es ist erwiesen, daß gerade beim Brustkrebs die frühzeitige Entdekkung möglichst kleiner Knoten die besten Heilungsaussichten hat.

Brustkrebs ist heilbar, wenn er rechtzeitig erkannt wird.

Meistens kann in diesen Fällen sogar auf eine Entfernung der Brust verzichtet werden. Sehr viele Brustveränderungen können durch Sie selbst entdeckt werden. Keine Angst, nicht jede tastbare Verhärtung ist gleich ein Brustkrebs! Es gibt einige Warnzeichen, die Sie unbedingt beachten sollten, da sie auf einen möglichen Krebs hinweisen:

- Größen- oder Formveränderung der Brüste, vor allem bei Einseitigkeit
- unterschiedliche Beweglichkeit beider Brüste
- Rötung oder Entzündung der Brusthaut außerhalb des Wochenbettes
- Hauteinziehungen, Orangenhaut der Brust
- Schrumpfung des Brustgewebes
- sämtliche Veränderungen an der Brustwarze, z. B. Einziehung, Schuppung, Nässen, Flüssigkeitsaustritt

- tastbare Knoten und Verhärtungen in der Brust
- tastbare Lymphknoten in den Achselhöhlen.

Die genaue Diagnose kann nur der Arzt stellen.

Selbstuntersuchung

Jede Frau über dreißig Jahre sollte alle vier Wochen ihre Brust bewußt betrachten und abtasten!

Damit ergänzen Sie sehr sinnvoll die üblichen *Krebsvorsorgeuntersuchungen* durch den Arzt. Es ist ratsam, immer das gleiche Schema bei der Untersuchung anzuwenden, um keine Auffälligkeiten zu übersehen. Am besten erfolgt sie kurz nach Ende der monatlichen Blutung. Das Brustgewebe ist dann besonders weich, Verhärtungen treten deutlicher hervor. Sie können ein besseres Tastgefühl erzielen, wenn Sie Ihre Fingerspitzen einölen oder eincremen oder wenn Sie die Untersuchung unter Wasser, also in der Badewanne, durchführen.

Betrachten Sie zunächst Ihre Brüste im Spiegel, und achten Sie besonders auf die oben genannten Warnzeichen. Anschließend tasten Sie Ihre Brüste sorgfältig ab (Abb. 3-1).

Vierteln Sie gedanklich jede Brust und beurteilen Sie Abschnitt für Abschnitt. Das jeweils obere äußere Viertel verdient besondere Aufmerksamkeit, da in diesem Teil der Brust am häufigsten Brustkrebs entsteht. Der Arm der zu untersuchenden Brust sollte, wie in der Abbildung 3-1 zu erkennen ist, abgewinkelt sein. Dadurch kann die Beurteilung verbessert werden. Anschließend fühlen Sie bei hängendem Arm in der Achselhöhle nach Lymphknoten, welche normalerweise nicht tastbar sind. Prüfen Sie immer zusätzlich mit leichtem Druck auf die Brustwarze, ob sich Flüssigkeit entleeren läßt.

Die Selbstuntersuchung kann schwierig sein, falls es sich um

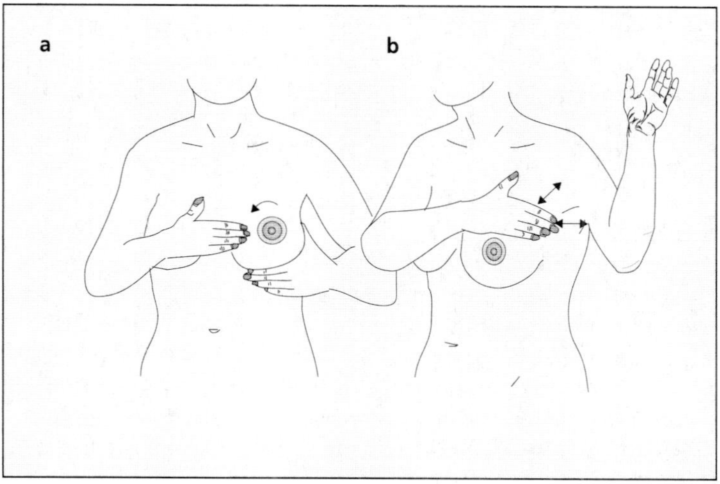

Abb. 3-1: Bei der Selbstuntersuchung wird mit den Fingern der Gegenseite Abschnitt für Abschnitt der Brust abgetastet (a). Der am meisten gefährdete obere äußere Quadrant (b) läßt sich am besten mit nach oben abgewinkeltem Oberarm beurteilen.

eine knotige Brust handelt oder falls Sie eine besonders starke Brust haben. Trotzdem lohnt sich das regelmäßige Abtasten, da Ihnen auch in diesen Fällen neu auftretende Veränderungen frühzeitig auffallen können.

Lassen Sie keine wertvolle Zeit verstreichen, wenn Sie selber eine Veränderung bemerken. Suchen Sie umgehend einen Arzt auf. Um so schneller haben Sie Klarheit und machen sich nicht wochen- oder monatelang Sorgen.

Ärztliche Möglichkeiten

Krankengeschichte

Bevor der Arzt mit der Untersuchung beginnt, sollte er möglichst viel von Ihnen wissen. Deshalb erhebt er die *Krankengeschichte* (Anamnese). Ihnen werden eine Reihe von Fragen gestellt, die persönliche Daten, Ihre bisherigen Erkrankungen, Erkrankungen in der Familie und die jetzigen Beschwerden betreffen. Bitte beantworten Sie diese Fragen sehr genau, da der Arzt sich so schon ein recht gutes Bild über die jetzige Erkrankung machen kann. Sprechen Sie dabei offen über Ihre Ängste. Spielen Sie nicht die unnahbare »Heldin«, sondern vermitteln Sie dem betreuenden Arzt, daß Sie nicht nur eine Diagnose, sondern umfassende Hilfe erwarten.

Körperliche Untersuchung

Die körperliche Untersuchung läuft ähnlich wie die Selbstuntersuchung ab. Nachdem Sie den Oberkörper freigemacht haben, wird sich der Arzt die Brüste genau ansehen. Er achtet auf typische Hinweiszeichen, die eine erste Einschätzung des Befundes zulassen. Dann wird die Brust vergleichbar der Selbstuntersuchung bei angehobenen Armen untersucht, wobei auch der Arzt ein festes Schema bevorzugt, um keine Befunde zu übersehen. Nachdem beide Seiten gründlich abgetastet wurden, fühlt der Arzt bei hängenden Armen in beiden Achselhöhlen nach Lymphknoten. Anschließend beurteilt er das Gebiet ober- und unterhalb des Schlüsselbeines, da auch hier vergrößerte Lymphknoten vorkommen können. Machen Sie Ihren Arzt unbedingt auf Stellen aufmerksam, die Ihnen selbst verdächtig vorkommen, damit er nochmals gezielt nachuntersuchen kann.

Nachdem Sie sich angezogen haben, sollte ein umfassendes *Aufklärungsgespräch* über das vorläufige Ergebnis erfolgen. Scheuen Sie sich nicht nachzufragen, und lassen Sie sich nicht mit medizinischen Fachausdrücken abspeisen. Eine vertrauensvolle Zusammenarbeit kann nur erreicht werden, wenn jeder Zweifel ausgeräumt wird und Sie alles verstanden haben. Eine vorschnelle Beruhigung schafft auf Dauer Mißtrauen und kann zur Verschleppung der Krankheit führen. Wenn Sie nicht wirklich überzeugt wurden, wählen Sie unbedingt den Gang zu einem zweiten Arzt. Die mögliche Diagnose Brustkrebs ist von viel zu großer Bedeutung, als daß Sie in einem solchen Fall einfach abwarten können. Falls Sie sich zunächst bei Ihrem Hausarzt vorgestellt haben, sollten Sie dann jedoch einen Facharzt, also den *Frauenarzt* aufsuchen, der über entsprechend große Erfahrung verfügt.

Mammographie

Bei jedem nicht eindeutig unauffälligen Befund muß eine Röntgenaufnahme beider Brüste (Mammographie) durchgeführt werden!

Mit der Mammographie ist häufig eine zuverlässige Beurteilung der Brust möglich. Es können tastbare Veränderungen abgeklärt werden (Abb. 3-2 und Abb. 3-3). Im Sinne der *Früherkennung* werden auch noch nicht tastbare Knoten entdeckt, die nur wenige Millimeter groß sind.

Von beiden Brüsten werden mit einem speziellen Röntgengerät je zwei Aufnahmen in unterschiedlichen Ebenen gemacht, um eine räumliche Vorstellung des Befundes zu bekommen. Dieses ist für eine mögliche spätere Operation von großer Bedeutung.

Für die Aufnahmen werden heute Verstärkerfolien verwendet, wodurch die Strahlenbelastung sehr gering ist. Um scharfe Bilder zu erzielen und damit die Beurteilung zu verbessern, muß die entsprechende Brust während der Röntgenaufnahme fest zusammengedrückt werden. Aus diesem Grund kann die Untersuchung manchmal schmerzhaft sein.

Bei jungen Frauen unter 30 Jahren ist die Aussagekraft der Mammographie stark eingeschränkt, da ihre Brustdrüse sehr gewebereich ist, so daß einzelne Strukturen nicht unterschie-

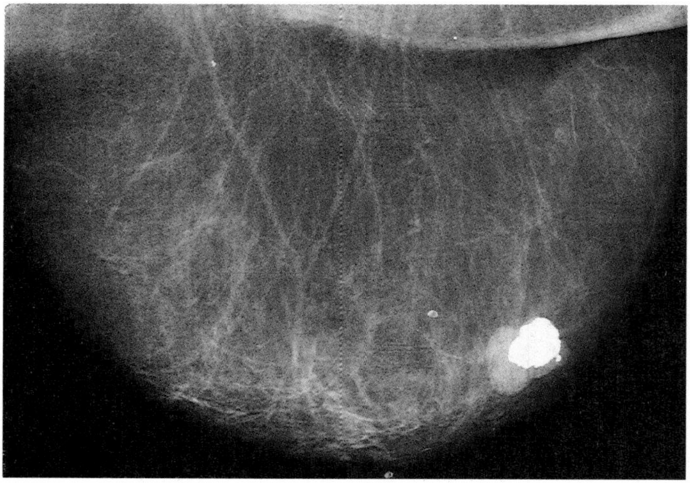

Abb. 3-2: Mammographiebild bei gutartigem Befund. Deutlich sind mehrere glatte Knoten (Fibroadenome) unten rechts mit teilweise ausgeprägter Verkalkung zu erkennen

den werden können. In der Schwangerschaft sollte nur bei dringendem Verdacht auf Brustkrebs eine Mammographie durchgeführt werden. Bei diesen Patientinnen kann eine Ultraschalluntersuchung hilfreicher sein.

Neben Gewebeverdichtungen wird auch nach *Mikroverkalkungen* gesucht. Diese sind kleinste Kalkherde, die häufig ein erstes Zeichen für einen Brustkrebs sein können. Natürlich beweist eine Mikroverkalkung keinen Krebs. Es muß eine weitere Abklärung erfolgen.

Wenn Sekret aus der Brustwarze austritt, kann der entsprechende Milchgang mit einem Kontrastmittel gefüllt werden. Dieser stellt sich dann in der Röntgenaufnahme (Galaktographie) deutlich dar.

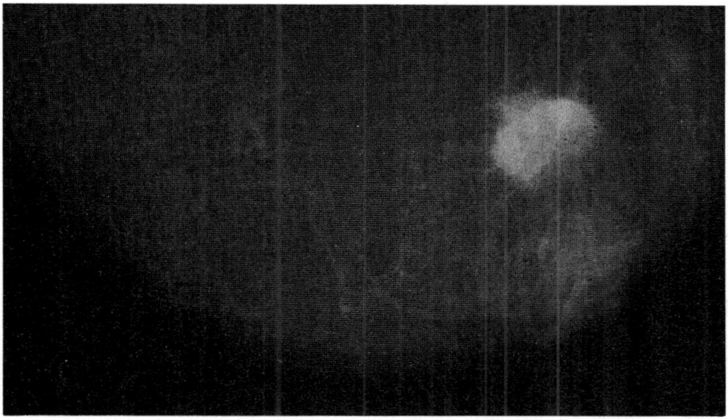

Abb. 3-3: Mammographiebild bei Brustkrebs. Deutlich ist der unregelmäßige Tumor mit seinen sternförmigen Ausläufern (Krebsfüßchen) zu erkennen

Um das vierzigste Lebensjahr sollte einmalig eine Basismammographie durchgeführt werden. Danach muß jede neu entstandene Auffälligkeit in Form und Beschaffenheit der Brust, die nicht sicher harmlos ist, mit Hilfe der Mammographie abgeklärt werden.

Weiterhin sollten alle Frauen, bei denen in der Familie Brustkrebs vorkommt oder die bereits an Brustkrebs behandelt wurden, ab dem fünfunddreißigsten Lebensjahr alle ein bis zwei Jahre geröntgt werden.

Ultraschall

Bei der Ultraschalluntersuchung (Sonographie) gleitet der Arzt mit einer kleinen Sonde über die Brust. An einem Bildschirm kann er Veränderungen im Brustgewebe erkennen und beurteilen. Diese Untersuchungstechnik ist völlig schmerzlos und hat keine Strahlenbelastung. Im Vergleich zur Mammographie ist die Aussagekraft allerdings erheblich geringer. Die

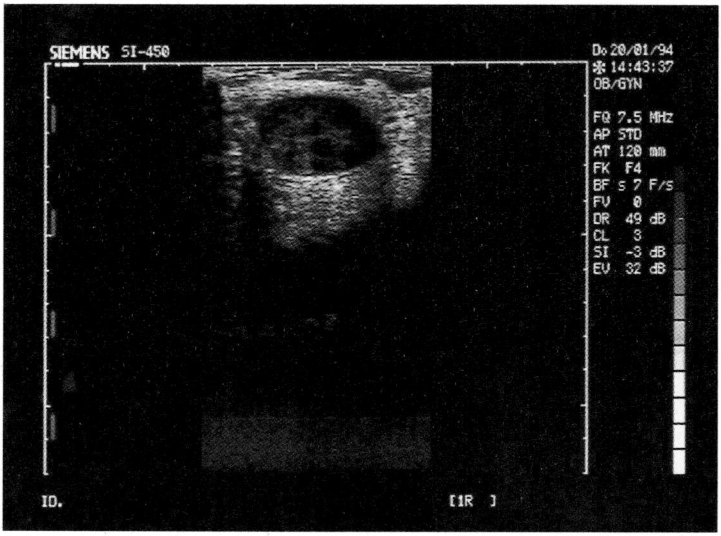

Abb. 3-4: Ultraschallbild bei gutartigem Brusttumor (Fibroadenom) mit glattem Rand

Ultraschalluntersuchung hilft besonders bei der Beurteilung von bereits tastbaren Befunden (Abb. 3-4 und 3-5), während sie als Suchmethode ungeeignet ist. Flüssigkeitsgefüllte Bindegewebskapseln (Zysten) lassen sich ebenfalls sehr gut darstellen. Sie können unter Ultraschallsicht mit einer kleinen Nadel schmerzlos abgesaugt werden. Die so gewonnene Flüssigkeit wird dann auf Tumorzellen untersucht. Sehr viele Frauen haben kleine Zysten im Brustdrüsengewebe im Sinne einer Mastopathie. Nur bei auffälliger Größe, bei Wachstum oder bei plötzlichem Auftreten nach dem vierzigsten Lebensjahr ist eine Punktion erforderlich. Ansonsten genügt die jährliche Vorsorgeuntersuchung.

Die Ultraschalluntersuchung ist eine sinnvolle Ergänzung zur Mammographie, ohne diese ersetzen zu können.

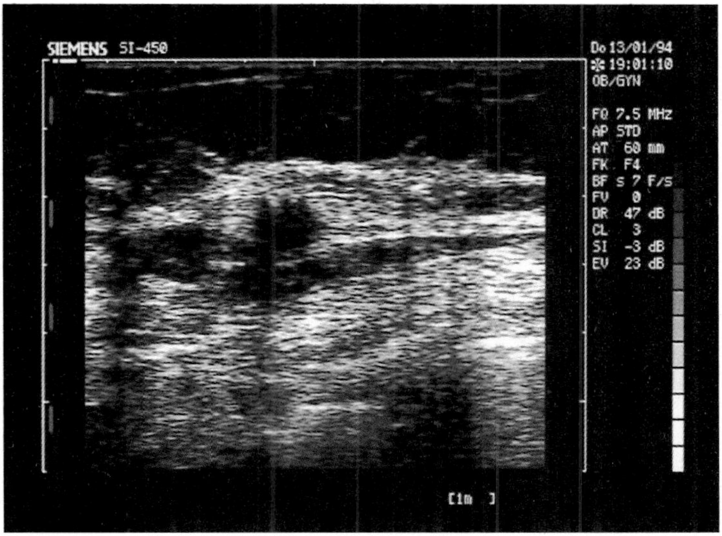

Abb. 3-5: Ultraschallbild bei Brustkrebs. Deutlich ist der bösartige Tumor mit fingerförmigem Vorwachsen zu erkennen

Feinnadelpunktion

Mit der Feinnadelpunktion können Zellen aus einem tastbaren Knoten gewonnen werden. Für ein zuverlässiges Ergebnis ist jedoch eine langjährige Erfahrung vom punktierenden und vom beurteilenden Arzt erforderlich.

Mit einer feinen Nadel wird der Knoten punktiert. Durch Sog an einer aufgesetzten Spritze werden Zellen gewonnen, die nach spezieller Anfärbung im Mikroskop beurteilt werden. Eine Verschleppung von Tumorzellen in gesundes Gewebe erfolgt dabei nicht. Eine örtliche Betäubung ist für diesen Eingriff nicht erforderlich. Er kann ambulant durchgeführt werden.

Die Punktion ist zur Beurteilung einer tastbaren Verhärtung wichtig. In Verbindung mit dem Tastbefund und der Mammographie, als sogenannte *Tripeldiagnostik*, ist eine beinahe hundertprozentige Diagnosestellung möglich. Das Aufklärungsgespräch für die vorgesehene Operation kann so gezielter durchgeführt werden. Die Operationsplanung wird durch das Punktionsergebnis erleichtert, und die Operationszeit kann verkürzt werden, da bei eindeutigem Befund keine Schnellschnittuntersuchung erforderlich ist.

Andere Untersuchungstechniken

Mit den zuvor genannten Möglichkeiten können nahezu alle Brusttumore erkannt und beurteilt werden, so daß zusätzliche Untersuchungstechniken nur selten notwendig sind.

Bei der *Thermographie* wird stärker durchblutetes Gewebe, beispielsweise Tumorgewebe, in einer anderen Farbe als das übrige Brustgewebe abgebildet. Diese Methode ist jedoch recht ungenau und wird heutzutage kaum noch durchgeführt.

Schichtröntgenaufnahmen (*Computertomographie*) und *Kernspintomographie* geben nur in Einzelfällen zusätzliche Informationen zur Größe und Art eines Brusttumors. Diese Methoden sind kostspielig und aufwendig. Sie sind nicht routinemäßig erforderlich.

Neuerdings bekommt eine spezielle Ultraschalluntersuchung zunehmende Bedeutung, die *Farbdopplersonographie*. Mit dieser Technik kann die Durchblutung von kleinsten Gefäßen um den Tumorknoten dargestellt werden. Aus der Anzahl und der Durchblutungsstärke dieser Gefäße können Rückschlüsse auf Gut- oder Bösartigkeit des Befundes gezogen werden.

Bitte beachten Sie, daß die Beurteilung der erzielten Untersuchungsergebnisse große Erfahrung und spezielle Kenntnisse erfordert, die gewöhnlich nur ein Facharzt haben kann. Ohne Fachwissen sind selbst aufwendige und teure Untersuchungen nutzlos und führen möglicherweise auf eine falsche Fährte.

Geben Sie sich niemals mit einem vorschnellen Urteil zufrieden, sondern bestehen Sie bei jeder Ungewißheit auf die Überweisung zum Frauenarzt!

4 Welche Behandlungen sind möglich?

Operative Maßnahmen

Jeder nicht sicher unauffällige Befund an der Brust muß durch eine Gewebeentnahme abgeklärt werden.

Dabei hat sich eine ambulante Behandlung mit der Gewinnung kleiner Proben nicht bewährt. Jeder verdächtige Befund sollte bei der Patientin unter Narkose mit umgebendem gesundem Gewebe entfernt und am besten sofort von einem Pathologen im Mikroskop untersucht werden. Solch eine *Schnellschnittuntersuchung* dauert etwa zwanzig bis dreißig Minuten und ist sehr zuverlässig. Mit dem Ergebnis erhält der Operateur eine exakte Diagnose und kann in gleicher Narkose die eventuell erforderlichen Operationsschritte durchführen.

Vor jeder Operation steht das *Aufklärungsgespräch*. Dieses sollte Ihnen alle für Sie möglichen Verfahren aufzeigen, Vor- und Nachteile erklären und Risiken und Folgen nennen. Solch ein Gespräch benötigt Zeit, die sich Ihr betreuender Arzt unbedingt nehmen muß. Schon vor der Aufklärung sollten Sie sich die Fragen überlegen, die Sie gerne beantwortet haben möchten. Machen Sie sich ruhig einige Notizen. Unterschreiben Sie den Aufklärungsbogen erst, wenn alle Fragen für Sie verständlich geklärt wurden und wenn Sie wissen, was Sie erwartet.

Leider ist vor der Operation nicht immer genau festzulegen, wie ausgedehnt der Eingriff sein muß und welche weiteren Maßnahmen zusätzlich erforderlich werden. Daher müssen bei Brustkrebserkrankungen häufig viele Dinge angesprochen werden, die später für Sie persönlich vielleicht gar nicht in Frage kommen.

In früheren Jahren galt die Devise, je radikaler und ausgedehnter die Operation, desto besser sind die Heilungsaussichten. Deshalb wurde in vergangenen Jahrzehnten grundsätzlich die Brust mit dem darunterliegenden Brustmuskel und die Lymphknoten der entsprechenden Achselhöhle entfernt.

Erst allmählich wurde erkannt, daß die Heilungsraten bei ausgedehnten Operationen nicht günstiger waren. Mit Einführung der Strahlenbehandlung setzten sich immer mehr brusterhaltende Techniken durch, die zu guten Heilungsergebnissen führten. Die Patientinnen erholen sich viel rascher von den Operationsfolgen und sind seltener in ihrer Lebensqualität beeinträchtigt. Somit kommen heute je nach Befund die in Tabelle 4-1 genannten Operationen in Frage.

Tabelle 4-1: Operationsmethoden zur Behandlung des Brustkrebses

Operationen mit Entfernung der Brust	**Brusterhaltende Operationen**
– eingeschränkte radikale Mastektomie (Patey) ohne Wiederaufbau – eingeschränkte radikale Mastektomie (Patey) mit Wiederaufbau	– Tumorentfernung (Tumorektomie/Lumpektomie) – Quadrantenentfernung (Quadrantenresektion, Quadrantektomie) – subkutane Mastektomie (unter Belassung von Haut und Brustwarze)

Operationen mit Brustentfernung

Als Standardoperation der Brustentfernung hat sich die eingeschränkt radikale Mastektomie (Patey) bewährt. Wesentlich ist dabei die Entfernung des gesamten Brustdrüsenkörpers einschließlich Haut und Brustwarze (Abb. 4-1). Der Brustmuskel

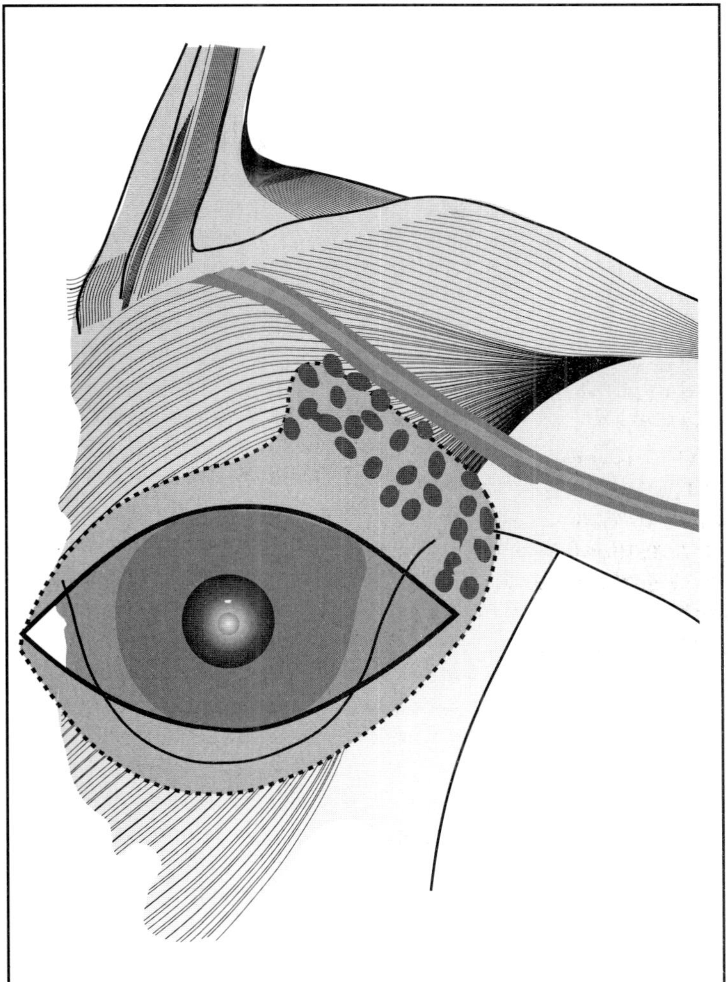

Abb. 4-1: Ausdehnung der Standardoperation bei der Brustentfernung mit Lymphknotenausräumung der Achselhöhle (modifiziert radikale Mastektomie nach Patey). Querovale Umschneidung der Brust und Entfernung des betroffenen Gewebes (schraffierter Bereich)

(Muskulus pectoralis) bleibt dabei erhalten. Nur bei Verdacht auf ein Eindringen von Krebszellen in die Muskulatur können Anteile mitentfernt werden. Die Patientinnen erholen sich sehr rasch von dieser Operation, so daß sie auch älteren Frauen mit zusätzlichen Erkrankungen zugemutet werden kann.

Wenn möglich, sollten bei diesem Eingriff immer zusätzlich die Lymphknoten aus der gleichseitigen Achselhöhle entfernt werden. Diese werden in drei Gruppen eingeteilt, die äußere (Level I), mittlere (Level II) und innere (Level III) Lymphknotenetage (Abb. 4-2). Zumindest Level I und II müssen entfernt werden, um über eine mögliche Streuung genaue Auskunft zu erhalten. Es sollten mindestens zehn bis zwölf Lymphknoten entnommen werden. Häufig ist die Entfernung einer größeren Anzahl möglich. Wenn bekannt ist, ob und wie viele Lymphknoten Tochtergeschwülste (Metastasen) aufweisen, kann die weitere Therapie festgelegt werden.

Bei fortgeschrittenen und verschleppten Befunden mit großen Hautdefekten muß die Operation erweitert werden. Dabei sind häufig ausgedehnte plastische Operationsverfahren unter Verwendung von Hautlappen aus anderen Körperregionen notwendig.

Die Entfernung der Brust führt nur selten zu größeren Blutverlusten. Bei zuvor gesunden Frauen ist die Gabe von *Blutkonserven* und anderen Blutprodukten in aller Regel nicht erforderlich.

Nachteile bei Entfernung der Brust

Die Entfernung der Brust stellt für die betroffene Frau immer einen erheblichen Verlust dar. Die Brust gilt als Inbegriff der Weiblichkeit, sie ist das wesentliche äußere Geschlechtsmerkmal der Frau und ein sehr bedeutsames Sexualorgan. Ihre Entfernung bedeutet zugleich körperliche und seelische Beeinträchtigung des Wohlbefindens, die häufig nicht nur die Patientin selbst, sondern auch ihre Partnerschaft, ihre Familie und ihr Umfeld negativ beeinflussen kann. So wurden zwangsläufig Methoden zum *Wiederaufbau* der Brust entwickelt, die entwe-

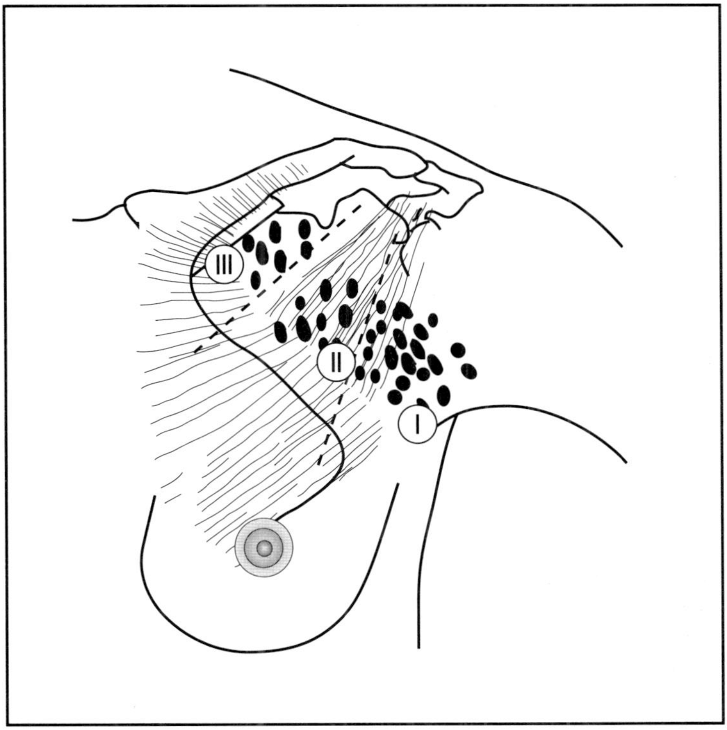

Abb. 4-2: Lymphknotenetagen (Level I-III) der Achselhöhle, die bei einer Brustkrebsoperation mitentfernt werden müssen

der sofort (primär) oder nach einer gewissen Erholungsphase (sekundär) durchgeführt werden können.

Da es sich nach der Brustentfernung um ein größeres Wundgebiet handelt, kann es in den ersten Tagen nach der Operation zu *Entzündungen* mit Wundheilungsstörungen kommen. Nach einem verzögerten Heilungsverlauf ist aber mit keinen weiteren Folgen zu rechnen. Starke *Schmerzen* sind nur in den ersten Tagen nach der Operation zu erwarten und können gut mit Schmerzmitteln behandelt werden.

Die Ausräumung der Lymphknoten kann ebenfalls Probleme mit sich bringen. Da die Lymphknoten in der Nähe von größeren Gefäßen liegen, sind bei deren Verletzung starke *Blutungen* möglich. Weiterhin können größere Nerven, die in Arm und Schulter ziehen, gereizt oder verletzt werden. Eine Einschränkung der Armbeweglichkeit und Schmerzen vor allem an der Innenseite des betroffenen Oberarmes kommen vor. Wichtig ist eine früh beginnende und andauernde Krankengymnastik, um möglichst schnelle Beschwerdefreiheit zu erzielen.

Besonders gefürchtet ist das *Armödem*, das heißt das Dickwerden des betroffenen Armes aufgrund des gestörten Lymphabflusses, wodurch zunehmende Bewegungseinschränkung und andauernde Schmerzen verursacht werden können. Durch die heutigen Operationsverfahren ist das Risiko für ein Armödem mit knapp drei Prozent sehr gering.

Um das Risiko weiter zu vermindern, sollten Sie einige Dinge beachten. Der betroffene Arm darf möglichst nicht verletzt werden. Tragen Sie bei Haus- und Gartenarbeit Gummihandschuhe. Vermeiden Sie Verletzungen bei der Nagelpflege. Tragen Sie keine schweren Lasten, und betreiben Sie regelmäßig gymnastische Übungen, ohne sich zu überanstrengen. An der erkrankten Seite sollte nach Möglichkeit auch auf Blutabnahmen, Injektionen, Infusionen, Akupunkturbehandlungen und Blutdruckmessungen verzichtet werden. Ist ein Lymphödem bereits nachgewiesen, kann eine spezielle Massagetechnik (Lymphdrainage) zur Besserung der Beschwerden führen. Diese sollte aber nur von Fachleuten durchgeführt werden. Eine Hochlagerung des erkrankten Armes ist empfehlenswert. Eine eiweißreiche und salzarme Ernährung kann den Heilungsverlauf unterstützen, da dadurch Gewebewasser in die Blutbahn gelangen kann und über die Nieren ausgeschieden wird.

Da bei zehn bis zwanzig Prozent der Frauen nach der Erstoperation innerhalb weniger Jahre mit einem Brustkrebs in der Gegenseite zu rechnen ist, empfehlen einige Fachleute schon bei der Erstoperation einen entsprechenden Eingriff der noch gesunden Brust. Eine solche »Übertherapie« kommt aber sicher nur im Einzelfall in Frage. Es macht keinen Sinn, jedes Organ, welches vielleicht einmal krank werden könnte, sicherheitshalber zu entfernen. Engmaschige Kontrolluntersuchungen sind allerdings dringend erforderlich.

Wiederaufbau der entfernten Brust

Um nach der Entfernung der Brust wieder körperliche und seelische Zufriedenheit zu erlangen, entscheiden sich viele Frauen für einen *Wiederaufbau* der betroffenen Brust. Der Entschluß dazu muß von der Frau selbst getroffen werden. Dabei geht es nicht nur darum, die körperliche Unversehrtheit wiederzuerlangen und optische Korrekturen zu erzielen. Viele Frauen bekommen durch eine entsprechende Rekonstruktion zunehmende Selbstsicherheit. Das Bewußtsein, eigene Entscheidungen bei der Behandlung des Brustkrebses einzubringen, kann den Heilungsverlauf und die Bewältigung der Krankheit sehr günstig beeinflussen. Dabei sollten das Lebensalter, Brustform, Brustgröße und die vielleicht notwendigen zusätzlichen Operationen bei dem Entschluß zum Wiederaufbau keine ausschlaggebende Rolle spielen.

Eine ausführliche Beratung durch den Arzt, der solche Eingriffe durchführt, muß unbedingt erfolgen. Neben den technischen Dingen muß über die Vor- und Nachteile gesprochen werden. Vor allem muß der Patientin klarwerden, daß die perfekte Formgebung der Natur nur begrenzt nachgemacht und nicht hundertprozentig erreicht werden kann. Wegen der Fülle der unterschiedlichen Prothesen und Operationsmethoden muß in jedem Einzelfall über das spezielle Vorgehen ausführlich gesprochen werden.

Wenn Sie selbst von den Vorteilen des Wiederaufbaus überzeugt sind, sollten Sie ihn auf jeden Fall durchführen lassen. Grundsätzlich kann der Wiederaufbau gleichzeitig mit der Tumoroperation begonnen werden. Dadurch verlängert sich zwar die Operationszeit, die kosmetischen Ergebnisse sind aber ausgezeichnet. Auch eine vielleicht später notwendige Strahlentherapie ist nach dem Wiederaufbau möglich. Normalerweise gibt es bei Wiederaufbauoperationen nach Brustentfernung keine Abrechnungsprobleme mit den Krankenkassen. Im Zweifelsfall sprechen Sie mit dem zuständigen Sachbearbeiter Ihrer Krankenversicherung.

Ein großes Problem beim Wiederaufbau entsteht dadurch, daß mit dem Entfernen der Brust ein relativ großes Hautareal verlorengegangen ist (Abb. 4-1, S. 33). Bevor die Brust wieder endgültig aufgebaut werden kann, muß also ausreichend Haut zur Verfügung stehen. Deshalb wird zunächst eine Hautdehnungsprothese, die sogenannte *Expanderprothese*, eingesetzt. Diese Prothese gibt es in verschiedenen Größen. Sie wird je nach Größe der entfernten Brust zunächst im flachen Zustand unter der Haut oder unter dem Brustmuskel eingesetzt. Über ein Ventil, welches in der Nähe unter der Haut liegt, kann die Expanderprothese nach und nach ambulant gefüllt werden (Abb. 4-3). Dazu wird beispielsweise wöchentlich Kochsalzlösung schmerzlos eingespritzt. Es kommt also zu einem allmählichen Auffüllen der Prothese. Die darüberliegende Haut wird dadurch gedehnt, und es bildet sich ein zunehmender Hautmantel aus. Die Größe der Gegenseite sollte zunächst überschritten werden, um später ein natürliches »Fallen« der Brust zu erhalten. Dieses Ziel ist meistens nach zwei bis drei Monaten erreicht.

Weitere zwei bis drei Monate später werden in einer zweiten Operation die provisorische Prothese und das Ventil entfernt. Dafür wird das endgültige, in Form und Größe passende *Silikonkissen* eingesetzt.

Immer wieder wird der Zusammenhang zwischen *Silikonprothesen* und Brustkrebs diskutiert. Dabei konnte die medizinische Forschung bisher keinen Zusammenhang zwischen Brustimplantaten und Krebs aufzeigen. Trotzdem sind die Untersuchungen noch nicht beendet, so daß keine abschließende Antwort zu dieser Problematik gegeben werden kann. Aufgrund der bisherigen Erkenntnisse ist ein mögliches Krebsrisiko in Verbindung mit Silikonprothesen aber so ge-

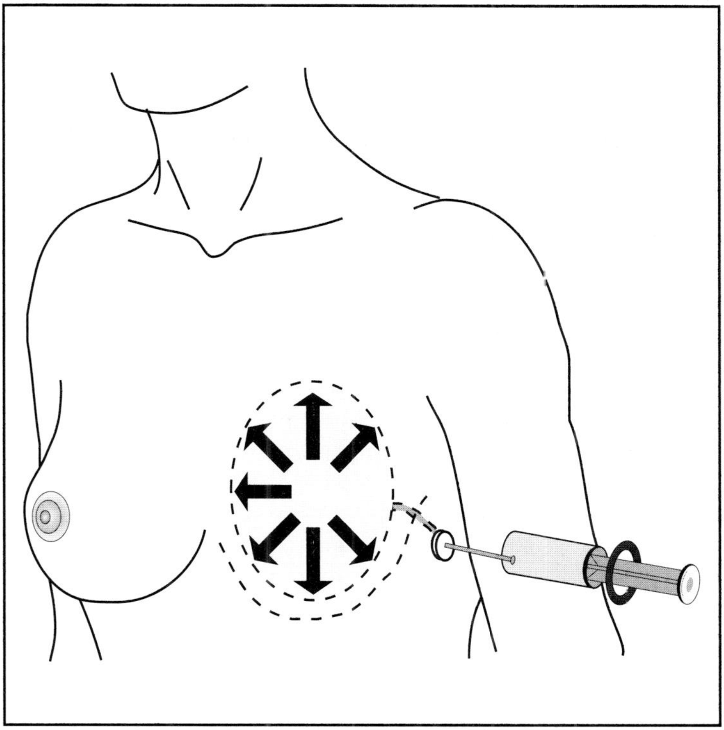

Abb. 4-3: Prinzip der Expanderprothese. Der Hautexpander liegt unter der Haut im Bereich der entfernten Brust. Über ein seitlich liegendes Ventil wird die Prothese nach und nach aufgefüllt und dehnt dadurch die darüberliegende Haut

ring, daß es nicht als Argument gegen eine Protheseninplantation gelten kann.

Ähnliches gilt für den Zusammenhang von Silikonprothesen und Bindegewebserkrankungen wie rheumatische Arthritis, Sklerodermie oder Lupus. Allergische Reaktionen sind beschrieben, sie führen sehr selten in ausgeprägten Fällen zu einer Entfernung der Prothese. Zukünftig werden auch Prothesen aus anderen Materialien zur Verfügung stehen.

Sprechen Sie mit Ihrem behandelnden Arzt über alle Vor- und Nachteile des Wiederaufbaus. Erst dann können Sie entscheiden, ob Sie eine solche Operation wünschen. Persönliche Gründe spielen sicher eine große Rolle. Unwissenschaftliche Berichte in den Medien sollten keine Entscheidungsgrundlage sein.

Weiterhin ist es auf Wunsch möglich, in einem dritten Eingriff die Brustwarze und den Warzenhof wiederherzustellen. Auch dabei gibt es eine Reihe von plastischen Operationsverfahren, die zu einem gelungenen Ergebnis führen. Es muß allerdings einige Monate mit diesem Eingriff gewartet werden, damit sich die wiederaufgebaute Brust in Form und Lage nicht mehr nachträglich verändert. Eine einfache Lösung ist die Tätowierung, die ohne Narkose ambulant durchzuführen ist. Dabei werden Farbpigmente, die zur gesunden Gegenseite passen, in der Haut verteilt. Es entsteht der Eindruck einer Brustwarze. Auch Hautverpflanzungen sind möglich, die allerdings aufwendiger sind und einen stationären Aufenthalt mit einer Operation in Narkose erforderlich machen. Häufig wird Gewebe aus der gesunden Brustwarze oder aus der Schamgegend übertragen, um eine entsprechende Pigmentierung (Färbung) des Warzenhofes zu erzielen. Gleichzeitig kann eine Brustwarze geformt werden.

Die psychologischen Vorteile des Wiederaufbaus liegen auf der Hand. Haben Sie die Geduld aufgebracht, in mehreren Schritten wieder eine Brust zu erhalten, fühlen Sie sich körperlich weitgehend unversehrt, sind unbeeinträchtigt in Lebensführung und Kleiderwahl und geben ein sichtbares Zeichen gegen Depression und Resignation.

Weiterhin wird mit der Prothese ein Sicherheitsabstand zwischen Haut und Unterhautfettgewebe einerseits und den unter der Prothese liegenden Muskeln, Rippen und dem Lungengewebe andererseits erzielt. Bei einem möglichen erneuten Krebswachstum (Rezidiv) können diese Gewebe nicht unmittelbar befallen werden. Bei einer eventuell notwendigen Nachbestrahlung kann die Lunge besser geschützt werden, da sie einer geringeren Strahlendosis ausgesetzt wird.

Nachteilig ist die Gefahr einer späteren Brustverformung durch eine zunehmende *Bindegewebsverkapselung* (*Kapselfibrose*), die eine Prothesenentfernung erforderlich machen kann. Nach Entfernung der Bindegewebskapsel ist eine neue Protheseneinlage möglich. Mit den modernen Prothesen ist dieses Risiko jedoch außerordentlich gering geworden.

Alternativ zu Protheseneinlagen ist der Wiederaufbau mit eigenem Körpergewebe möglich. Dabei handelt es sich um teilweise ausgedehnte operative Eingriffe, die vom Operateur spezielle Fähigkeiten verlangen. Diese Form des Wiederaufbaus kann normalerweise nicht zum Zeitpunkt der Tumoroperation durchgeführt werden. Eine Wartezeit bis zur völligen Abheilung des Wundgebietes ist erforderlich. Auch hierbei ist eine persönliche Beratung unerläßlich, die die Besonderheiten jeder einzelnen Patientin berücksichtigt.

Der Wiederaufbau der Brust setzt viel Geduld voraus. Häufig sind mehrere Operationen erforderlich, bis das gewünschte Ergebnis erreicht wird. Nicht immer können die oft hoch geschraubten Vorstellungen erfüllt werden. Eine Kopie der entfernten Brust dürfen Sie nicht erwarten. Trotzdem kann der Wiederaufbau eine wichtige Hilfe bei der Krankheitsbewältigung sein. Wer sich dazu entschlossen hat, sollte eine Klinik aufsuchen, die solche Eingriffe häufig durchführt und somit über ausreichende Erfahrung verfügt. Fragen Sie ruhig im Bekanntenkreis nach entsprechenden Adressen, oder nehmen Sie Kontakt zu einer *Selbsthilfegruppe* auf, die aus persönlichen Erfahrungen heraus Empfehlungen geben kann.

Für die Frauen, bei denen kein Wiederaufbau der Brust durchgeführt wurde, gibt es eine große Auswahl von kosmetisch sehr zufriedenstellenden *Prothesen*. Sie ermöglichen eine Körpersymmetrie, die nicht nur das Aussehen verbessert. Erst durch die Brustprothese wird die Körperstatik wieder ausgeglichen, wodurch Schiefhaltung, Muskelverspannungen und Rückenschmerzen vermieden werden können. Deshalb ist es sinnvoll, die Brustprothese nicht nur zum Ausgehen, sondern immer zu tragen. Sie gewöhnen sich schneller an den Brustersatz und gewinnen zunehmende Selbstsicherheit.

Im Handel sind derzeit vor allem Silikonprothesen erhältlich, die sich durch gute Form, vergleichbare Konsistenz zur gesunden Brust, Hautfreundlichkeit und lange Lebensdauer auszeichnen. Sie können in Spezialbüstenhaltern und Badeanzügen getragen werden, die ein sehr natürliches Aussehen ermöglichen. Silikonprothesen sind unempfindlich gegen Schweiß, Kosmetika, Chlor- und Meerwasser, Haut- und Sonnenöl. Sie können mit einem milden Feinwaschmittel und warmem Wasser gereinigt werden. Sie dürfen dabei nie stark zusammengedrückt werden. Seien Sie vorsichtig mit scharfen und spitzen Gegenständen. Nagellack oder Aceton zerstören die Oberfläche. Eine Silikonprothese kann nicht repariert werden!

Die Prothesen sowie zwei Büstenhalter mit Prothesentaschen und einen Spezialbadeanzug kann der Arzt verschreiben. Die Auswahl und das Anpassen übernimmt der Sanitätsfachhandel. Dort finden Sie qualifizierte Fachberaterinnen, die Sie diskret bei allen Problemen unterstützen werden. Allerdings sollte die endgültige Prothese nicht zu früh nach der Operation angepaßt werden. Erst sollten die Narben verheilt und mögliche Gewebeschwellungen abgeklungen sein. Eine eventuelle Strahlentherapie muß beendet sein. Zur Überbrückung können Sie eine *Erstversorgungsprothese* tragen. Dabei handelt es sich um sehr weiche und leichte Schaumstoffprothesen, die das Wundgebiet nicht reizen.

Mit einer für Sie persönlich angepaßten Prothese sehen Sie immer gut aus, und keiner wird eine neue Brust vermuten.

Brusterhaltende Operationen

Zunehmende Verbreitung finden die brusterhaltenden Operationstechniken. Niemals dürfen kosmetische Gesichtspunkte alleine ausschlaggebend für die Wahl des Operationsverfahrens sein. Nach heutigem Kenntnisstand dürfen nur bestimmte Brustkrebse ohne Entfernung der gesamten Brust operiert werden.

Dabei ist die *Tumorgröße* von besonderer Bedeutung. Nur bei einer Tumorgröße kleiner als zwei Zentimeter darf nach heutigem Wissen brusterhaltend operiert werden. Allerdings neigen immer mehr Kliniken dazu, auch größere Tumore ohne komplette Brustentfernung zu operieren. Dies muß im Einzelfall entschieden werden.

Zu jeder brusterhaltenden Operation gehört die Ausräumung der Achsellymphknoten der betroffenen Seite (Abb. 4-2, S. 35) zumeist über einen zweiten Hautschnitt und die *Nachbestrahlung* des Restbrustdrüsenkörpers. Nur dann sind gleich gute Heilungsergebnisse wie nach der Brustentfernung zu erwarten.

Bei der brusterhaltenden Operation unterscheidet man die Entfernung des Brusttumors mit einem entsprechenden Sicherheitssaum (*Lumpektomie oder Tumorektomie*) von der Entfernung des betroffenen Brustviertels (*Quadrantektomie*) und von der Entfernung des gesamten Brustdrüsengewebes unter Schonung der Haut und der Brustwarze (*subkutane Mastektomie*).

Auch die brusterhaltende Operation ist kein kleiner Eingriff, sondern kann ähnliche Komplikationen wie die Brustentfernung nach sich ziehen. Blutergüsse, Nachblutungen, Wundinfektionen, Schmerzen und die Ausbildung eines Lymphödems des entsprechenden Armes sind möglich und sollten im Aufklärungsgespräch besprochen werden.

Ungeeignet ist diese Operationstechnik, wenn gleichzeitig mehrere Tumorknoten in derselben Brust gefunden wurden (multizentrisches Karzinom), bei zu großen oder bereits mit der Haut oder dem Brustmuskel verwachsenen Knoten oder wenn eine Nachbestrahlung von der Patientin keinesfalls gewünscht wird.

Gelegentlich wird ein Brustkrebs während der Schwangerschaft festgestellt. Aufgrund des veränderten Hormonhaushalts und der nicht durchführbaren Bestrahlung kommt für die Betroffenen eine brusterhaltende Therapie normalerweise nicht in Frage. Auch sollten bei Entdeckung der Krankheit sofort entsprechende Maßnahmen durchgeführt werden, um ein weiteres Wachstum und eine jederzeit mögliche Streuung (Metastasierung) zu verhindern.

Sehr häufig ist die Operation nur der erste Schritt bei der

Bekämpfung des Krebses. Eine Reihe von Therapieverfahren unterstützen die Krebsbehandlung und müssen je nach Ausgangsbefund eingesetzt werden (*adjuvante Therapie*):

- Strahlentherapie
- Chemotherapie
- Hormontherapie
- biologische Therapie.

Die ausgeprägte Neigung zur Streuung des Brustkrebses erlaubt häufig nicht die ausschließlich örtliche Behandlung mit der Entfernung des Knotens. Es muß sich eine Therapie anschließen, die die Gefahr einer Streuung von Krebszellen vermindert und bereits losgelöste Tumorzellen (Mikrometastasen) vernichtet. Welche begleitenden Therapien sinnvoll sind, hängt von Art und Größe des Tumors, vom Lymphknotenbefall, vom Alter der Patientin und von der Art der vorausgegangenen Operation ab.

Therapeutische Maßnahmen im Anschluß an eine Operation

Strahlentherapie

Wie schon erwähnt, muß nach brusterhaltenden Operationen grundsätzlich eine Bestrahlung durchgeführt werden. Nur so können entsprechend gute Heilungsergebnisse erzielt werden. Durch energiereiche Strahlung sollen die Krebszellen vernichtet werden. Die heute eingesetzten Strahlen sind sehr genau zu steuern und zu dosieren. Trotzdem fällt der Gang in die Strahlenklinik oftmals schwer. Die Gefahr von Radioaktivität und ihre zerstörende Wirkung in Friedens- und Kriegszeiten ist nur allzu gut bekannt und schürt verständlicherweise Ängste. Das ausschließliche Zusammentreffen mit anderen Krebskranken und die erforderlichen Sicherheitsmaßnahmen, wie beispielsweise die Isolierung in bunkerartigen Räumen, erzeugen bei vielen Patientinnen sehr unangenehme Gefühle. Versuchen Sie möglichst ohne Vorurteile, mit der Bestrahlung zu beginnen.

Falls eine Nachbestrahlung erforderlich ist, sollte sie möglichst bald nach der Operation beginnen, um einen entsprechenden Therapieerfolg zu erzielen. Neben der brusterhaltenden Operation kommt die Bestrahlung vor allem bei sehr aggressiven Krebsformen und nicht vollständig möglicher Tumorentfernung in Frage.

Technisch werden heute Hochvoltgeräte eingesetzt, die Gammastrahlen oder Elektronenstrahlen aussenden. Eine genaue Planung der Bestrahlung und Festlegung der zu bestrahlenden Gewebeteile erfolgt mit Hilfe eines Computers. Dadurch gelingt es, weitgehend gezielt auf die Tumorzellen einzuwirken. Die entsprechenden Bezirke werden auf der Haut angezeichnet und sollten möglichst nicht abgewaschen werden. Zur besseren Verträglichkeit wird die insgesamt erforderliche Strahlendosis auf viele kleine Einzeldosen verteilt, die jeweils nur wenige Minuten dauern und durchaus ambulant durchgeführt werden können. Bis zum Erreichen der Gesamtdosis vergehen gewöhnlich etwa sechs Wochen. Leider wirkt die Bestrahlung auch auf gesunde Zellen ein.

Die Verträglichkeit ist von verschiedenen Voraussetzungen abhängig:

- bestrahlter Körperabschnitt
- Größe der bestrahlten Region
- Einzeldosis und Anzahl der Bestrahlungen
- Gesamtdosis der Bestrahlung
- Strahlenart
- Gerätetechnik.

Zumeist sind die *Nebenwirkungen* relativ gering. Häufig treten Hautreizungen auf, die ähnlich einem Sonnenbrand sind und außer pflegerischen Maßnahmen nicht behandelt werden müssen. Selten bildet sich eine Verhärtung des Unterhautfettgewebes aus (Strahlenfibrose), die aber behandelt werden kann. Gelegentlich kann auch ein Teil der Lunge betroffen sein, was im Einzelfall Atembeschwerden verursacht. Mit Hilfe der Planungscomputer ist diese Gefahr aber nur noch sehr gering.

Manche Patienten reagieren mit einem Strahlenkater, der das Allgemeinbefinden durch Übelkeit, Erbrechen, Kopfschmerzen und Schwäche sehr deutlich beeinträchtigen kann. Auch dieses Problem ist nicht von Dauer und vergeht nach Beendigung der Bestrahlung.

Wenn Lymphknotengebiete bestrahlt werden müssen, kann es zur Ausbildung oder Verschlechterung eines Lymphstaus (Lymphödem) des Armes kommen.

Die gesamte *Immunabwehr* leidet ebenfalls unter der Bestrahlung. Allerdings muß das Entstehen anderer Krebsformen durch die Strahlentherapie nicht befürchtet werden.

Zur Stärkung der Abwehrkräfte sind eine ausgewogene Ernährung und die zusätzliche Einnahme von Vitaminpräparaten sinnvoll. Derzeit wird besonders der Einfluß von Vitamin C und Vitamin A untersucht. Manchen Frauen helfen pflanzliche Präparate wie Mistelextrakte oder das Extrakt der Eleutherokokk-Wurzel. Allerdings konnte eine Wirkung dieser Präparate mit wissenschaftlichen Untersuchungen bisher nicht bewiesen werden.

Solange die Bestrahlung nicht abgeschlossen ist, dürfen die betroffenen Hautbezirke nicht gewaschen werden. Eine Reinigung mit mildem Öl, zum Beispiel Babyöl, ist erlaubt. Zur Hautpflege eignen sich fettende Salben, Vitamin-E-haltige Salben und entzündungshemmende Puder.

Keinesfalls sollten Desinfektionsmittel, Deodorants und Parfüms benutzt werden. Sonnenbestrahlung, Wärmflaschen, heiße Umschläge und schlecht sitzende Büstenhalter müssen vermieden werden. Tragen Sie weiche Wäsche aus Naturmaterialien.

Sie können also selbst eine Menge dazu beitragen, die Strahlentherapie besser zu überstehen. Allgemeine Gymnastik, Atemübungen und viel frische Luft fördern ebenfalls die Erholung von der Strahlentherapie.

Chemotherapie

Die Chemotherapie hat einen festen Platz in der Behandlung des Brustkrebses. Mit dieser Therapie sollen Krebszellen in ihrem Wachstum gebremst und vernichtet werden. Deshalb werden entsprechende Medikamente auch *Zellhemmer* (*Zytostatika*) genannt.

Zur Behandlung des Brustkrebses wird meistens eine Kombination unterschiedlicher Medikamente eingesetzt (Polychemotherapie), um die Wirkung zu erhöhen und gleichzeitig Nebenwirkungen zu vermindern. Diese Kombinationen werden nach einem für jede Patientin persönlich zu erstellenden Plan verabreicht. Normalerweise wird die Therapie in Form von Injektionen und Infusionen in eine Armvene gegeben. Dazu sollte möglichst die nicht operierte Seite gewählt werden.

Auch die Chemotherapie ist eine unterstützende (adjuvante) Therapie, die nach der Operation begonnen wird. Ob eine Chemotherapie sinnvoll ist, hängt von zahlreichen Faktoren ab. Sie ist keinesfalls eine geeignete Therapie für jede an Brustkrebs erkrankte Patientin. Erfolgversprechend ist vor allem ihr Einsatz bei Frauen, die noch regelmäßige Menstruationsblutungen haben, bei denen bereits eine Streuung in die Lymphknoten stattgefunden hat und deren Tumorzellen nicht hormonempfindlich reagieren. Bei diesen Frauen kann eine Chemotherapie nachweislich das erneute Auftreten des Krebses (Rezidiv) verhindern oder hinauszögern und lebensverlängernd wirken.

Da es sich bei diesen Substanzen um ausgesprochen wirkungsvolle, zellabtötende Medikamente handelt, müssen zahlreiche Nebenwirkungen für die Dauer der Therapie in Kauf genommen werden. Dabei sind vor allem gesunde Gewebe betroffen, die ebenfalls eine hohe Zellteilungsrate aufweisen.

Typische Nebenwirkungen unter Chemotherapie sind:
- **Übelkeit, Erbrechen, Durchfall**
- **Haarausfall**
- **Senkung der weißen Blutkörperchen (Leukozytopenie)**
- **Blutungsstörungen.**

Übelkeit und Erbrechen belasten häufig die Patientinnen, die sich einer Chemotherapie unterziehen müssen. Gelegentlich treten *Durchfälle* auf. Das Erbrechen wird von den Zellen des Magen-Darm-Traktes und durch Reizung des Brechzentrums im Gehirn ausgelöst. Nach einigen Behandlungen kann das Erbrechen auch psychisch unterstützt werden. Diese Frauen bekommen schon bei dem Gedanken an die Chemotherapie Übelkeit und Brechreiz. Der Gang zur Behandlung fällt immer schwerer. Sie sollten nie nüchtern zur Chemotherapie kommen. Mehrere kleine Mahlzeiten über den Tag verteilt machen die Nebenwirkungen erträglicher. Dem Arzt stehen außerdem zahlreiche Substanzen zur Verfügung, um die Magen-Darm-Reaktionen zu mildern. So kann eine relativ neue Medikamentengruppe (Serotoninantagonisten), die als Infusion oder als Tabletten verabreicht wird, das Brechzentrum hemmen. Diese Medikamente müssen manchmal noch zwei bis drei Tage nach Therapieende weiter eingenommen werden, um Übelkeit und Erbrechen sicher zu vermeiden. Falls Sie die Chemotherapie schlecht vertragen, fragen Sie Ihren Arzt nach diesen Begleitmedikamenten, die ausgesprochen hilfreich sein können.

Ein großes kosmetisches Problem ist der *Haarausfall.* Je nach Art der Chemotherapie und des Haartyps ist er unterschiedlich stark ausgeprägt. Ein völliger Haarausfall ist möglich. Nach Beendigung der Chemotherapie wachsen die Haare erneut. Viele Frauen berichten sogar, der Haarwuchs sei kräftiger als zuvor. Für die Zeit der Chemotherapie kann eine Perücke getragen werden, die man rechtzeitig anfertigen lassen sollte. Durch frühzeitiges Tragen gewöhnt man sich schneller an die neue Frisur. Die Kosten werden zumindest teilweise von den Krankenkassen übernommen.

Ein medizinisches Problem ist die Nebenwirkung der Zytostatika auf das Knochenmark. Dabei wird die *Blutzellbildung* des Knochenmarks gehemmt. Es kommt zum Absinken der roten und weißen Blutkörperchen und der Blutplättchen. Besonders deutlich ist der Abfall der weißen Blutkörperchen (Leukozyten). Diese müssen deshalb vor und nach jeder Chemotherapie kontrolliert werden. Bei zu starkem Absinken der weißen Blutkörperchen kommt es zur gefährlichen Einschränkung der körpereigenen Abwehr, und damit erhöht sich die Infektionsgefahr. Die Zahl der weißen Blutkörperchen liegt normalerweise beim Erwachsenen zwischen vier- und neuntausend pro Kubikmillimeter Blut. Sinken sie auf unter dreitausend ab, muß die nächste Chemotherapie verschoben werden, bis es wieder zur Normalisierung gekommen ist. Bei sehr deutlicher Erniedrigung können Medikamente eingesetzt werden, die die Neubildung von weißen Blutzellen beschleunigen, um möglichst bald die Chemotherapie fortsetzen zu können.

Bei Frauen vor den Wechseljahren sind durch die Chemotherapie Blutungsunregelmäßigkeiten möglich, die bis zum völligen Ausbleiben der Monatsblutung führen können. Eine Therapie ist nicht möglich. Häufig kommt es nach Beendigung der Chemotherapie zu keinen erneuten Blutungen.

In einzelnen Fällen ist es sinnvoll, mit einer Chemotherapie vor der Operation zu beginnen. Diese neoadjuvante Therapieform kann bei sehr ausgedehnten Brusttumoren zu einer Verkleinerung führen, die manchmal eine Operation erst möglich macht. Auch der inflammatorische Brustkrebs reagiert häufig günstig und läßt sich anschließend erfolgreicher operieren.

Lassen Sie sich vor Beginn einer Chemotherapie auf jeden Fall beraten. Wenn Sie selber den Sinn der Therapie verstehen und damit eine positive Einstellung zur Therapiedurchführung bekommen, bessert sich die Verträglichkeit, und kaum vermeidbare Nebenwirkungen werden als weniger schlimm empfunden.

Es muß auch erwähnt werden, daß jede Chemotherapie aufgrund ihrer Aggressivität gegen alle Zellen und wegen der

Schwächung des Immunsystems selbst zu einer Tumorentwicklung führen kann. Risiken und Nutzen sind sehr sorgfältig abzuwägen. Ärzte, die Chemotherapien durchführen, müssen über ausreichende Erfahrungen auf diesem Gebiet verfügen.

Während einer *Schwangerschaft* darf keine Chemotherapie durchgeführt werden, da sie teilweise über die Nachgeburt auf den Feten übergehen kann. Jüngere Frauen müssen unbedingt mit ihrem Partner für eine sichere *Verhütung* sorgen.

Sollte eine Chemotherapie erforderlich sein, können unterschiedliche Medikamente eingesetzt werden. Eine sehr häufig angewandte und gut untersuchte Kombination ist das *CMF-Schema*. Dabei werden nach einem festen Schema, welches in Abhängigkeit von Körpergröße und Gewicht der Patientin errechnet wird, drei Substanzen verabreicht. *Cyclophosphamid* gehört zu den Substanzen, die wichtige Erbinformationen (DNS) für die Zellteilung zerstören, *Methotrexat* und *Fluorouracil* sind Antimetabolite, die sich in die Stoffwechselvorgänge der Krebszelle einmogeln und zum Zusammenbruch der Zellen führen.

Hormontherapie

Viele Arten von Brustkrebs sind hormonempfindlich und können durch eine Hormonbehandlung günstig beeinflußt werden. Diese Tatsache ist schon lange bekannt. Deshalb gehört die Hormontherapie zu den ältesten Behandlungsmöglichkeiten des Brustkrebses. Damit sollen die sehr komplizierten Wechselwirkungen zwischen Hormonen von Eierstock, Nebennierenrinde und Hirnanhangsdrüse (Hypophyse) einerseits und den Krebszellen andererseits unterbrochen werden, was zu einer Hemmung des bösartigen Zellwachstums führt.

Während heute zahlreiche Medikamente zur Beeinflussung des Hormonhaushalts zur Verfügung stehen, mußten früher die hormonbildenden Organe operativ entfernt werden. Diese Operationen zur Behandlung des Brustkrebses mit Entfernung der Eierstöcke, der Nebennieren oder der Hirnanhangsdrüse waren mit erheblichen Nebenwirkungen verbunden, da jeweils die kompletten Organe entfernt werden mußten. Solche Eingriffe sind heutzutage nur noch ausnahmsweise erforderlich.

Da nicht alle Tumorformen auf Hormone ansprechen, wurden Möglichkeiten entwickelt, eine Vorhersage zu treffen, ob eine Hormontherapie sinnvoll ist oder nicht. Alle Körperzellen können nur auf Hormone reagieren, wenn in ihrer Zellwand bestimmte Bausteine (*Rezeptoren*) vorhanden sind. Dann kann sich das jeweilige Hormon wie ein Schlüssel in ein Schloß einfügen (Abb. 4-4) und zu entsprechenden Zellreaktionen führen.

Aus diesem Grund wird bei jeder Brustkrebsoperation Tumorgewebe speziell auf den Rezeptorgehalt untersucht. Viele Tumore zeigen Rezeptoren für das in den Eierstöcken gebildete Östrogen und Gestagen (Tabelle 4-2). Vor allem Tumore, die sowohl Östrogen- als auch Gestagenrezeptoren haben, sprechen häufig auf eine Hormontherapie an und haben insgesamt eine günstigere Prognose. Auch wenn nur für ein Hormon ein positiver Rezeptornachweis gelingt, ist eine Hormontherapie lohnenswert. Fehlen sowohl Östrogen- als auch Gestagenrezeptoren im Krebsgewebe, ist es also rezeptornegativ, ist ein Ansprechen auf Hormone nicht zu erwarten. Der Einsatz einer Chemotherapie ist dann erfolgversprechender.

Vor den Wechseljahren finden sich selten Hormonrezeptoren im Krebsgewebe, während nach den Wechseljahren immer häufiger der Rezeptornachweis gelingt. Aus diesem Grund kommt derzeit vor allem bei der älteren Frau die Hormontherapie in Frage. Vorteilhaft ist die deutlich bessere Verträglichkeit mit erheblich weniger Nebenwirkungen als bei der Chemotherapie. Die entsprechenden Medikamente müssen allerdings oft jahrelang eingenommen werden.

In der hormonellen Therapie des Brustkrebses unterscheidet man derzeit vier Medikamentengruppen:

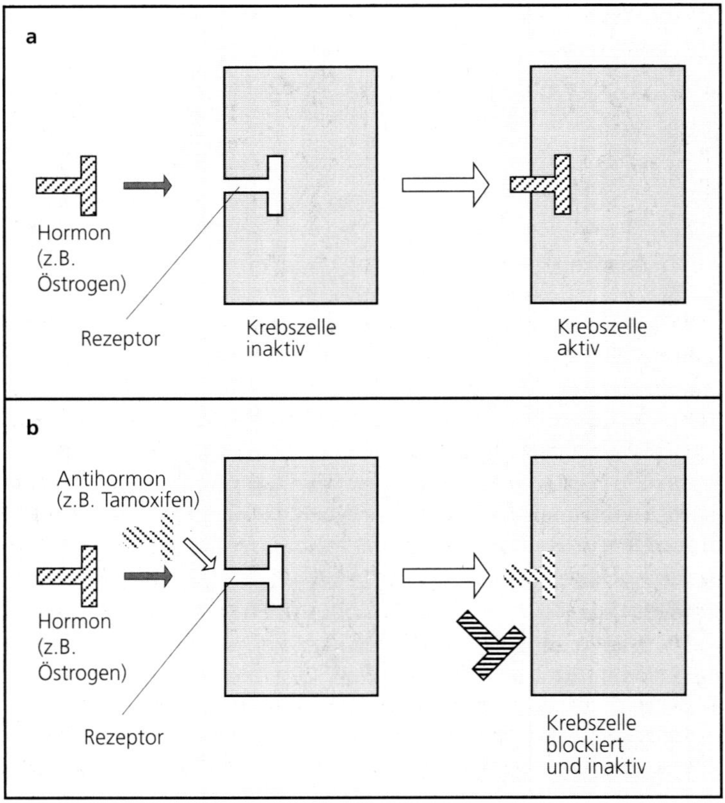

Abb. 4-4: Prinzip der Hormontherapie bei Brustkrebs.
a) Das Hormon besetzt den Rezeptor der Krebszelle, sie wird aktiv;
b) das Antihormon blockiert den Rezeptor der Krebszelle, sie bleibt inaktiv.

- Antiöstrogene (Tamoxifen)
- Gestagene (Medroxyprogesteronazetat, MPA)
- Aromatasehemmer
- LH-RH-Analoga.

Tabelle 4-2: Möglicher Rezeptornachweis in Brustkrebszellen

	Östrogenrezeptor	Gestagenrezeptor	Prognose
Tumor A	+	+	günstig
Tumor B	–	+	⇓
Tumor C	+	–	
Tumor D	–	–	ungünstig

Der mittlerweile am häufigsten eingesetzte Wirkstoff *Tamoxifen* gehört zu den *Antiöstrogenen*. Diese Substanz koppelt sich an die Zellmembran der Krebszellen, die dadurch von den Östrogenen nicht mehr beeinflußt werden können. Wachstum und Vermehrung der Krebszellen werden so blockiert (Abb. 4-4). Tamoxifen ist in Tablettenform sehr gut verträglich, sollte aber mindestens für drei Jahre eingenommen werden. Tamoxifen zeigt selbst eine leichte Östrogenwirkung, die sich auf die Gebärmutter (Uterus) auswirken kann. Es können Blutungen und ein Wachstum der Gebärmutterschleimhaut auftreten. Eine jährliche Ultraschalluntersuchung des Uterus im Rahmen der Krebsnachsorge ist deshalb sinnvoll.

Der Einsatz von *Gelbkörperhormonen* (*Gestagenen*) ist eine weitere Behandlungsmöglichkeit. Die bekannteste Substanz ist das Medroxyprogesteronacetat (MPA), das in Tablettenform oder als Saft eingenommen wird. MPA hat einerseits eine antiöstrogene Wirkung, andererseits ist es in hoher Dosierung ein Zellgift vergleichbar der Chemotherapie. Leider sind auch die Nebenwirkungen ernster und häufiger als beim Tamoxifen. Gewichtszunahme, Blutdruckerhöhung, Kopfschmerzen, Depressionen und Thrombosen können zum Therapieabbruch zwingen.

Aromatasehemmer blockieren Enzyme in der Nebennierenrinde, die bei der Umwandlung von Hormonvorstufen zu Östrogen von Bedeutung sind. Dadurch versiegt die für die Frau nach den Wechseljahren wichtigste Östrogenbildungsstätte. Es kommt zur Hemmung des Krebswachstums. Da auch andere Hormone der Nebennierenrinde mitgehemmt werden, muß bei dieser Tablettentherapie gleichzeitig das lebenswichtige Kortison eingenommen werden. Weiterentwicklungen in dieser Medikamentengruppe sind zu erwarten, die gezielter wirken und eine gleichzeitige Kortisoneinnahme nicht mehr erfordern.

Die derzeit jüngste Entwicklung in der Brustkrebsbehandlung mit Hormonen stellen die LH-RH-Analoga dar. Diese Substanzen hemmen die Hirnanhangsdrüse (Hypophyse), die für die Kontrolle der Eierstockfunktion verantwortlich ist. Es wird eine chemische Kastration erzielt, die die Eierstockfunktion völlig ruhigstellt. Die dadurch ausbleibenden Hormonwirkungen hemmen wiederum das Wachstum des Brustkrebses. Von dieser Therapie sollen vor allem Frauen vor den Wechseljahren profitieren, die allerdings akzeptieren müssen, daß sie durch diese Therapieform vorzeitig in die Wechseljahre kommen. Es gibt diese Medikamentengruppe als Depotpräparat, welches monatlich unter die Haut gespritzt wird, und als Nasenspray. Die wissenschaftlichen Untersuchungen zu diesen Präparaten werden noch lange nicht abgeschlossen sein.

Ob eine Hormontherapie überhaupt anspricht oder nicht, läßt sich frühestens nach zwei bis drei Monaten sagen. Solange sollte man unbedingt geduldig das entsprechende Medikament einnehmen, bevor eine Entscheidung über Fortsetzung oder Abbruch der Therapie getroffen werden kann.

Obwohl die hormonelle Therapie erheblich besser verträglich ist und teilweise sehr gute Ergebnisse zeigt, ist sie keinesfalls für jede an Brustkrebs erkrankte Frau geeignet. Vor allem jüngere Frauen und Patientinnen mit rezeptornegativen Tumoren sprechen günstiger auf eine Chemotherapie an und sollten dementsprechend die belastendere, aber für sie wirkungsvollere Behandlungsform in Kauf nehmen.

Biologische Krebstherapie

Zu den biologischen Krebstherapien werden die Behandlungsformen gezählt, die die eigenen Abwehrkräfte aktivieren, um gegen Krebszellen vorzugehen. Sie sollten nicht in Konkurrenz zur Schulmedizin stehen, sondern diese ergänzen. Der Ausdruck Alternativmedizin ist unsinnig und trifft nicht zu. Während es für die zuvor genannten Therapien eine Fülle von stichhaltigen wissenschaftlichen Untersuchungen gibt, stehen Beweise für die Wirksamkeit biologischer Therapien häufig aus. Trotzdem kann der Einsatz solcher Therapien sinnvoll sein, um andere Therapiemaßnahmen zu unterstützen, Nebenwirkungen zu reduzieren und den eigenen Körper zu stärken. Die biologische Krebstherapie versucht, dem ganzen Körper, der in seiner Gesamtheit vom Brustkrebs betroffen ist, zu helfen. Dieses ist um so wichtiger, da das körpereigene *Immunsystem* nicht nur durch den Krebs, sondern auch durch die Operation, die Bestrahlung und insbesondere durch die Chemotherapie geschwächt wird. Dieser Gesichtspunkt wird häufig vernachlässigt, so daß sich derzeit viele Mediziner gar nicht oder nur widerwillig mit biologischen Behandlungsformen beschäftigen. Umgekehrt geben viele angebliche Fachleute vor, biologische Therapien durchzuführen. In Wirklichkeit werden oft fragwürdige und überteuerte Substanzen eingesetzt, die nur dem Therapeuten nutzen. Suchen Sie sich im Zweifelsfall einen Arzt, der sowohl schulmedizinisch als auch biologisch behandelt. Er wird am besten den richtigen Weg, nämlich die Verbindung beider Therapieformen, finden.

Krebstherapie hat nichts in den Händen von Laien oder Wunderheilern zu suchen, die gerne die Verzweiflung der Betroffenen ausnutzen, um sich selber zu bereichern.

Verschiedene *Impfungen*, zum Beispiel mit einem Tuberkuloseimpfstoff, können das Immunsystem anregen. Leider konnte ein günstiger Effekt auf den Brustkrebs nicht nachgewiesen werden.

Interferone sind Abwehrstoffe, die besonders gegen Viren einsetzbar sind. Erfolgreich konnte eine bestimmte Blutkrebsform (Haarzelleukämie) mit Interferonen behandelt werden. Beim Brustkrebs liegen derzeit noch keine überzeugenden Resultate vor.

Mistelextrakte können die Körperabwehr stimulieren und so als begleitende Therapie beim Brustkrebs sinnvoll sein. Dieser mögliche Effekt bei fehlenden Nebenwirkungen führt zu ihrem nicht seltenen Einsatz bei Patientinnen mit Brustkrebs.

Nicht alle Begleittherapien werden von den Krankenkassen anerkannt. Sprechen Sie mit dem zuständigen Sachbearbeiter Ihrer Kasse, ob die Medikamentenkosten ganz oder zumindest teilweise erstattet werden.

Eine interessante Entwicklung nehmen körpereigene Stoffe, die auf das menschliche Immunsystem einwirken. Diese *Immunmodulatoren* (biological response modifiers) werden intensiv erforscht. Zur Zeit darf man aber Substanzen wie Interleukine, Tumornekrosefaktor (TNF) oder koloniestimulierende Faktoren (CSF) nicht überbewerten. In den Medien werden sie häufig sensationsträchtig als Wundermittel angepriesen. Derzeit ist ihr Stellenwert in der täglichen Praxis noch sehr gering und schwer vorhersehbar.

Weiterhin wurden eine ganze Reihe von biologischen Krebstherapien entwickelt, die bisher den wissenschaftlichen Nachweis einer Wirkung vermissen lassen. Die Überwärmungstherapie (Hyperthermie), die Krebs-Mehrschritt-Therapie und die Sauerstoff- und Ozontherapien stellen Verfahren dar, die nicht ausreichend untersucht sind, um sie im Rahmen dieses Buches näher vorzustellen. Die Gesellschaft für biologische Krebsabwehr e. V. beschäftigt sich wissenschaftlich mit den unterschiedlichen biologischen Therapieformen. Weiterhin hat die Deutsche Gesellschaft für Gynäkologie und Geburtshilfe eine Arbeitsgemeinschaft für Naturheilverfahren und Umweltmedizin gegründet. Wenn Sie mehr zu diesen Themen wissen möchten, können Sie sich direkt an die im Anhang angegebenen Adressen wenden.

Besprechen Sie auf jeden Fall mit Ihrem betreuenden Arzt, ob und welche zusätzlichen Therapien sinnvoll sind. Dabei muß auch an ungünstige Wechselwirkungen mit den in der schulmedizinischen Behandlung eingesetzten Medikamenten gedacht werden. Die strikte Ablehnung sämtlicher begleitender Therapiemaßnahmen spricht eher für eine sehr einseitige Betrachtungsweise des behandelnden Arztes, der den Brustkrebs als eine den gesamten Körper und Geist betreffende Erkrankung wohl verkennt.

5 Was kann ich selbst für meine Heilung tun?

Ernährung

Die Ernährung hat einen wichtigen Einfluß auf alle Körperfunktionen. Eine ausgewogene Ernährung ist natürlich nicht nur für an Brustkrebs erkrankte Frauen, sondern für uns alle grundsätzlich empfehlenswert. Auch wenn es keine spezielle Krebsdiät gibt, konnten Studien nachweisen, daß durch eine gesunde Ernährung die Tumorentstehung verhindert werden kann. Weiterhin ist die ausgewogene Ernährung eine wichtige Ergänzung jeder Krebstherapie.

Gesichert ist der Zusammenhang zwischen zu fettreicher Nahrung und Brustkrebsentstehung. Vermutet wird er auch bei zu kohlehydratreicher Ernährung. Diese Gesichtspunkte werden oft zu wenig von den behandelnden Ärzten berücksichtigt. Nur selten findet man Krankenhäuser, die in Schulungen Wege zur richtigen Ernährung aufzeigen. Nach wie vor gehört die Ernährungslehre nicht zum Ausbildungsplan der Medizinstudenten. Dabei kann die richtige Ernährung die Abwehrkräfte des Körpers stärken und somit die Auseinandersetzung mit dem Krebs günstig beeinflussen. Kurse zur richtigen Ernährung bieten häufig die Volkshochschulen und Krankenkassen an.

Ausgewogene Ernährung bedeutet, dem Körper quantitativ und qualitativ ausreichend Nährstoffe zuzuführen, ohne ihn übermäßig zu belasten. Eine solche *stoffwechselaktive Kost* soll folgende Wirkungen auf den Körper haben:

- Sauerstoffversorgung und Durchblutung des Körpers werden verbessert
- Regulierung der Darmtätigkeit mit verbesserter Entgiftung
- Unterstützung der Leberfunktion mit verbesserter Entgiftung
- Aktivierung von Stoffwechselprozessen und von körpereigenen Abwehrkräften
- Senkung des Blutzuckerspiegels und damit Nährstoffentzug für den Tumor.

Natürlich muß es auch schmecken, damit Leib und Seele zusammengehalten werden.

Ein abwechslungsreicher Speiseplan enthält eiweißreiche Kost mit vielen Vitaminen, aber nur wenig Fett und Kohlehydrate (Zucker). Reich an Eiweiß sind mageres Fleisch, Fisch und Milchprodukte. Obst, Gemüse und Salate sind wichtige Energielieferanten, die gleichzeitig reichlich Ballaststoffe für eine ausgewogene Darmtätigkeit liefern. Die ausreichende Zufuhr von Mineralien und Spurenelementen wie Magnesium, Zink und Selen gehören ebenfalls zur stoffwechselaktiven Kost.

Häufig muß man seine bisherigen Gewohnheiten umstellen. Ist man an die veränderte Kost gewöhnt, wird sich mancher wundern, wie abwechslungsreich und wohlschmeckend sie sein kann. Am besten stellt sich Ihre ganze Familie auf die entsprechende Nahrung um. Das erleichtert die Haushaltsführung und ist ein Gesundheitsbeitrag für alle. Die häufig geäußerte Meinung, Sie sollen genauso leben wie vor der Erkrankung, ist sicher gut gemeint, aber nimmt Ihnen eine Chance, selbst aktiv gegen Ihre Krankheit vorzugehen und sie zu überwinden.

Auch Genußmittel wie Süßwaren, Nikotin, Alkohol und Kaffee sind nicht grundsätzlich zu verbieten. Allerdings sollten sie nicht zum täglichen Speiseplan gehören, sondern eine gelegentliche Ausnahme bilden.

Eine gewisse Kontrolle über die richtige Ernährung erhalten Sie durch Gewichtsmessungen. Sie sollten möglichst Normalgewicht haben. Sowohl deutliches Unter- als auch Übergewicht können ein Hinweis auf eher falsche Eßgewohnheiten sein. Lassen Sie sich im Zweifelsfall von einem Ernährungsberater helfen. Viele Krankenkassen haben eigene Berater oder können Ihnen entsprechende Adressen an Ihrem Wohnort geben.

Lebensführung

Da jeder von uns ein anderes Leben führt und unterschiedliche Dinge für wichtig hält, ist es sehr schwierig, allen Betroffenen entsprechenden Rat zu geben. Sicher wird es nicht möglich sein, die Krankheit völlig zur Seite zu legen und so weiterzuleben, als wäre nie etwas gewesen. Viele Frauen versuchen, alles, was mit ihrer Krankheit zu tun hat, zu verdrängen. Das Unterbewußtsein läßt sich aber nicht so leicht beirren. Besser ist es, die Sprachlosigkeit zu überwinden und sich bewußt mit der Krankheit auseinanderzusetzen. Sie tun das schon, indem Sie dieses Buch lesen.

Also wie soll ich mein Leben nach der Operation und nach einer eventuellen zusätzlichen Behandlung fortsetzen? Entscheidend ist sicher eine grundsätzlich positive Lebenseinstellung. Stecken Sie nicht den Kopf in den Sand, sondern leben Sie bewußt und aktiv. Dabei sind drei verschiedene Lebensbereiche zu unterscheiden, die ineinander verflochten sind (Abb. 5-1).

Die Krankheit Brustkrebs bedeutet häufig eine lebenslange Auseinandersetzung. Im Anschluß an die Operation gehören krankengymnastische Übungen zum Tagesplan. Schon in der Klinik werden Sie von Krankengymnasten mit Bewegungsübungen von Arm und Schulter vertraut gemacht werden, die aber erst voll zur Wirkung kommen können, wenn Sie nach dem Krankenhausaufenthalt regelmäßig trainieren. Wer rastet, der rostet, das trifft vor allem für die Arm-Schulter-Gelenke zu. Eine zunehmend normale Beweglichkeit Ihrer Arme bei nachlassenden Schmerzen gibt Ihnen wachsende Selbstsicherheit.

Um dem ganzen Körper Gutes zu tun, ist es sehr empfehlens-

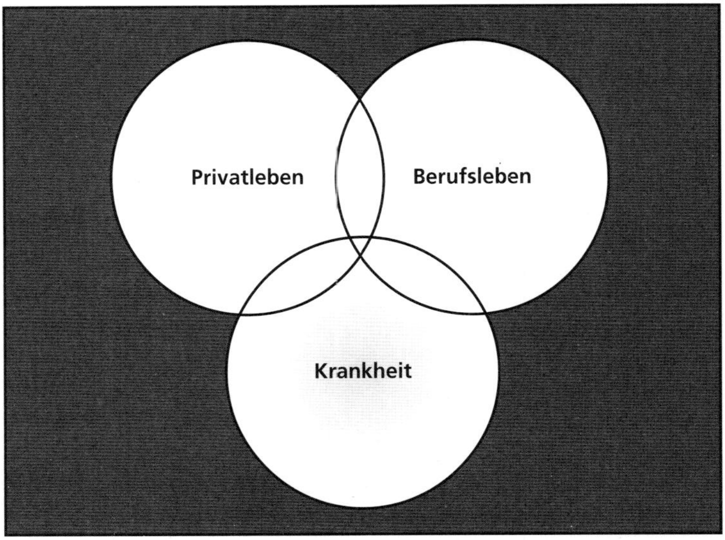

Abb. 5-1: Verflechtung der drei Lebensbereiche bei Diagnose Brustkrebs, die ausgefüllt werden müssen

wert, sich vermehrt sportlich zu betätigen. Dabei geht es nicht darum, Leistungssport zu betreiben, sondern körperlichen Ausgleich in Spiel und Bewegung zu finden. Ausdauer und Regelmäßigkeit bringen mehr als gelegentliche Höchstleistungen. Ob Sie nun lieber laufen, Gymnastik betreiben, tanzen, schwimmen oder ein Ballspiel bevorzugen, Hauptsache es macht Spaß und verlangt körperlichen Einsatz. Da man sich alleine häufig schwer überwinden kann, suchen Sie sich eine Gruppe, mit der Sie gemeinsam aktiv sein können. In jeder Stadt gibt es Turn- und Schwimmvereine, Tanzgruppen und Gemeinschaften, die gerne neue Mitglieder aufnehmen.

Auch der Geist will etwas zu tun haben. Medizinische Fachbücher wirken auf Dauer nicht entspannend. Ein Roman, ein lustiges Buch oder ein interessantes Sachbuch zeigen sicher bessere Wirkung.

Dinge, die vor der Erkrankung für Sie unwichtig waren, bekommen jetzt vielleicht eine ganz andere Bedeutung. Früher unverzichtbare Gewohnheiten spielen jetzt möglicherweise keinerlei Rolle mehr. So bekommen Sie durch die Krankheit eine Chance, Ihr Bewußtsein zu erweitern, neue Lebensinhalte zu entdecken und intensiver zu leben.

Entwickeln Sie neue Hobbys. Suchen Sie Beschäftigungen, die Ihnen Spaß machen, egal, ob es nun ernste oder heitere, produktive oder belanglose, geistige oder handwerkliche Aktivitäten sind.

Viele Frauen können mit Hilfe des *autogenen Trainings* eine sehr positive Selbsterfahrung machen, die ihnen hilft, besser mit ihrer Krankheit umzugehen. Falls Sie daran Interesse haben, besuchen Sie unbedingt einen durch eine Fachkraft geleiteten Kurs, beispielsweise über die Volkshochschulen, um die einzelnen Übungen richtig zu erlernen. Eigenstudium kann schädlich sein, wenn falsche Wege beschritten werden. Nicht jede Patientin empfindet es als angenehm, in sich selbst einzutauchen und ihren Körper praktisch losgelöst aus der Umwelt zu erleben. Probieren Sie es einfach aus, und brechen Sie das Training ab, falls es Sie eher belastet als entspannt.

Weitere Möglichkeiten zur Entspannung bieten die *progressive Muskelentspannung*, *Yoga* und *Meditation*. Auch bei diesen Techniken sollte eine fachliche Anleitung erfolgen, um möglichst große Wirkung zu erzielen.

Wenn Sie Familie haben, isolieren Sie sich nicht, sondern verhalten Sie sich offen. Lassen Sie die Familie miterleben, wenn es Ihnen gut geht, seien Sie aber auch ehrlich, wenn Sie Beschwerden haben oder sich einfach nicht wohlfühlen. Verstellen Sie sich nicht vor Ihren Angehörigen. Es ist kein Zeichen von Stärke, keine Schwäche zu zeigen. Teilen Sie Ihrer Familie Ihre Wünsche und Bedürfnisse mit, und verlangen Sie nicht, daß Ihre Angehörigen schon von selbst darauf kommen werden, was Ihnen guttut. Offenheit macht es erst möglich, wieder ein normales, wenn auch vielleicht verändertes Familienleben zu führen.

Zeigen Sie Ihrem Partner, daß Sie unabhängig von Ihrer

Krankheit Wert auf Nähe und Zärtlichkeit legen, daß Sie Liebe geben und empfangen möchten. Eine Chance für die Liebe – das sollte nicht nur ein Schlagwort sein.

Viele Frauen haben nach der Operation Angst, erneut intime Beziehungen zu ihrem Partner aufzunehmen. Vor allem nach der Entfernung einer Brust treten häufig Minderwertigkeitsgefühle auf, die ein normales Liebesleben unmöglich machen können. Aber bedenken Sie, welch einzelner Baustein die Brust in Ihrem gesamten körperlichen und seelischen Empfinden darstellt. Auch Ihr Partner wird Ängste haben und verunsichert sein. Vermeiden Sie wachsenden Abstand und zunehmende Entfremdung aus Angst vor Nähe. Sprechen Sie mit Ihrem Partner über diese Probleme, lassen Sie sich gemeinsam beraten. Kommen Sie sich behutsam wieder näher, und lernen Sie beide, die Liebe neu zu entdecken. Körperlich hat sich nichts im Hinblick auf Hormonhaushalt, Liebes- und Orgasmusfähigkeit verändert. Sie werden den richtigen Zugang finden.

Während einer Strahlen- oder Chemotherapie sollten Sie auf jeden Fall eine Schwangerschaft vermeiden. Sorgen Sie für eine sichere *Verhütung*. Beim hormonabhängigen Brustkrebs ist die Pille (Ovulationshemmer) nicht empfehlenswert. Sehr bewährt hat sich die Spirale (Intrauterinpessar). Falls die Familienplanung abgeschlossen ist, kommt auch die Sterilisierung in Frage, die natürlich auch beim Mann durchgeführt werden kann. Liegt der Brustkrebs zwei oder mehr Jahre zurück, ist die Einnahme einer Pille wieder denkbar. Das richtige Präparat wird Ihr Frauenarzt auswählen.

Nach Therapieabschluß ist das Austragen einer Schwangerschaft möglich, ohne daß das Risiko für einen erneuten Krankheitsausbruch erhöht wird.

Für viele Frauen ist es sehr wichtig, bald wieder in ihr normales Berufsleben zurückzufinden. Den Möglichkeiten der *Rehabilitation* ist ein eigenes Kapitel in diesem Buch gewidmet. Wenn möglich, sollten Sie schnell Ihre Arbeit wieder aufnehmen. Natürlich müssen Sie Ihrem Körper eine gewisse Erholungsphase gönnen, eine lebenslange Schonung soll aber die Ausnahme bleiben. Studien konnten belegen, daß aktive und optimistische Frauen länger und besser leben als gleichaltrige passive Frauen in vergleichbaren Krebsstadien. Möglicherweise werden die ersten Arbeitstage schwerfallen, geschürt durch die Angst, was die Kollegen denken und sagen werden. Sehr schnell werden Sie aber wieder dazugehören und hoffentlich auch Spaß an Ihrer Arbeit finden.

Selbsthilfegruppen

Nach der Diagnose Brustkrebs drohen viele Frauen in ein schwarzes Loch zu fallen, in dem sie keinerlei Halt mehr finden. Der Umgang mit bisher vertrauten Menschen fällt häufig schwer. Die behandelnden Ärzte und das Pflegepersonal haben oft nicht die Zeit, auf alle Fragen und Ängste der Patientin näher einzugehen oder sich einfach zusammenzusetzen, um über die großen und kleinen Sorgen zu sprechen. Für viele Betroffene reicht aber die rein medizinische Versorgung nicht aus, um wirklich mit Brustkrebs leben zu können. Depressionen und soziale Ängste entwickeln sich schnell zu einem Teufelskreis, der zu zunehmender Isolierung und Selbstaufgabe führen kann.

Diese Zusammenhänge veranlaßten Frau Ursula Schmidt als selbst Betroffene, 1976 die Frauenselbsthilfe nach Krebs e. V. zu gründen. Aus den zunächst bescheidenen Anfängen wuchs eine Organisation, zu der heute in ganz Deutschland weit über dreihundert Gruppen gehören. Alle von Krebs betroffenen Frauen sind willkommen. Ein Großteil der Mitglieder ist an Brustkrebs erkrankt. Mittlerweile finden sich häufiger auch Männer in den Gruppen.

Jede Gruppe wird von einer Gruppenleiterin geführt und gehört zum jeweiligen Landesverband. Darüber steht der Bundesverband. Die Aufgaben des Vereins sind in einem Fünf-Punkte-Programm (Tabelle 5-1) zusammengestellt.

Seelische Hilfe erfolgt besonders durch private Gespräche, sei es am Telefon, bei Einzelbesuchen oder in der Gruppe. Da-

Tabelle 5-1: Fünf-Punkte-Programm der Frauenselbsthilfe nach Krebs e. V.

1. Die seelische Begleitung Krebskranker
2. Hilfe bei der Angstüberwindung vor weiteren Behandlungen
3. Vorschläge zur Festigung der Widerstandskraft
4. Hilfe zur Verbesserung der Lebensqualität
5. Informationen über soziale Hilfen, Versicherungs- und Schwerbehindertenrecht

bei tut es gut, sich mit jemandem auszusprechen, der schon ähnliches durchgemacht hat und aus eigener Erfahrung raten kann.

Angst kann durch intensive Gespräche genommen werden. Der Mut wächst, wenn man sieht, daß es auch andere Frauen geschafft haben und daß sie trotz ihrer Krankheit fröhliche, aktive Menschen sind.

Die Widerstandskraft wird in der Gruppe durch viele gemeinsame Aktivitäten gefestigt. Je nach Gruppenzusammensetzung werden Gymnastik, Entspannungsverfahren, Schwimmen, Wandern, Tanzen oder auch kreatives Gestalten wie Töpfern oder Malen angeboten. Viele Ärzte, Psychologen, Seelsorger und andere Fachleute werden zu Vorträgen und Diskussionen eingeladen. Die Frauenselbsthilfegruppe nach Krebs ist eine auch in Fachkreisen respektierte und geschätzte Organisation, mit der eine enge Zusammenarbeit wünschenswert ist. Die Bereitschaft dazu nimmt zu, ist aber noch nicht überall selbstverständlich.

Die Offenheit zum Mitmenschen führt zu einer Verbesserung der Lebensqualität. Mit der Krankheit leben – dazu kann in ganz besonderer Weise eine Selbsthilfegruppe verhelfen.

Auch wenn medizinische Ratschläge in den Gruppen bewußt nicht gegeben werden, sind die Hilfestellungen bei der Lösung sozialer und versicherungsrechtlicher Fragen beträchtlich. Mit Unterstützung der Gruppe können schneller die richtigen Ansprechpartner gefunden werden, um möglichst umgehend die Hilfen zu erhalten, auf die die Patientinnen Anspruch haben.

Wenn Sie das Bedürfnis haben, Kontakt zu einer Selbsthilfegruppe zu bekommen, fragen Sie Ihren zuständigen Arzt nach einer entsprechenden Adresse, oder wenden Sie sich direkt an den Verein. Ein Gespräch ist völlig unverbindlich und unterzieht Sie keinem Gruppenzwang. Einen Versuch ist es auf jeden Fall wert. Natürlich fühlt sich nicht jede Frau in einer Selbsthilfegruppe wohl, die meisten Patientinnen finden aber eine lohnenswerte Bereicherung ihres Lebens mit oder nach Krebs.

6 Wie werde ich nach dem Krankenhausaufenthalt weiter betreut?

Nachsorgefahrplan

Jede Patientin, die an Brustkrebs erkrankt ist, muß unabhängig von Art und Behandlung der Krankheit engmaschig kontrolliert werden. Diese *Tumornachsorge* soll den Heilungsverlauf überwachen und die Früherkennung von erneutem Krebswachstum ermöglichen. Im Rahmen der Nachsorgeuntersuchung können auch die sich aus der Krankheit aktuell ergebenden Probleme besprochen werden, so daß die Rückkehr in das »normale« Leben unterstützt wird.

Die Krebsnachsorge sollte von einem mit dieser Krankheit vertrauten Arzt durchgeführt werden, der möglichst alle bisherigen Befunde wie Operationsbericht, feingewebliches Untersuchungsergebnis, Entlassungsbrief des Krankenhauses und vorausgegangene Befunde kennt.

Um die Nachsorge übersichtlich zu gestalten, kann ein *Nachsorgepaß* (Abb. 6-1) ähnlich dem Mutterpaß in der Schwangerschaft angelegt werden, in den alle Untersuchungsergebnisse und die nächsten Termine eingetragen werden. Diese Termine sollten von Ihnen pünktlich wahrgenommen werden.

In den ersten zwei Jahren nach der Operation sollte alle drei Monate eine Kontrolluntersuchung stattfinden, im dritten Jahr je nach Verlauf in drei- bis viermonatigem Abstand. Im vierten und fünften Jahr genügt eine halbjährliche Untersuchung, ab dem sechsten Jahr sollten Sie zumindest einmal jährlich zur Nachsorge gehen (Tabelle 6-1).

Die folgenden Untersuchungen sind dabei sinnvoll:

Erkranktes Organ ____________

Zeitpunkt der Diagnosestellung ____________
(Monat/Jahr)

Primärbehandlung: **Datum:**

Operation 1 ____________ ____________

Operation 2 ____________ ____________

Operation 3 ____________ ____________

Strahlentherapie ____________

Chemotherapie ____________

Hormontherapie ____________

Wesentliche Begleiterkrankungen:

1. ____________
2. ____________
3. ____________
4. ____________

Medikamenten-Unverträglichkeiten:

____

____

Zeitraster der Nachsorgeuntersuchungen (NSU 1 – 15)

Bei der Ersterhebung festgelegter Termin der NSU 1 ____________
(Monat/Jahr)

			Nächste NSU am:
1. Jahr	3	NSU 1	____
	6	NSU 2	____
	9	NSU 3	____
	12	NSU 4	____
2. Jahr	3	NSU 5	____
	6	NSU 6	____
	9	NSU 7	____
	12	NSU 8	____
3. Jahr	3	NSU 9	____
	6	NSU 10	____
	12	NSU 11	____
4. Jahr	6	NSU 12	____
	12	NSU 13	____
5. Jahr	6	NSU 14	____
	12	NSU 15	____

Abb. 6-1: Zwei Seiten aus dem Nachsorgepaß, der alle wesentlichen Befunde enthält

Tabelle 6-1: Zeitlicher Abstand der Nachsorgeuntersuchungen nach der Erstoperation

1. und 2. Jahr nach Operation	3 Monate
3. Jahr nach Operation	3–4 Monate
4. und 5. Jahr nach Operation	6 Monate
ab 6. Jahr nach Operation	12 Monate

Die *Krankengeschichte* und die *körperliche Untersuchung* geben schon wichtige Hinweise über das Wohlbefinden und den Krankheitsverlauf der Patientin. Besonders wichtig ist das Anschauen und Abtasten der Brust und des Narbengebietes sowie der Achselhöhlen. Weiterhin sollten Lunge, Leber und Wirbelsäule vom Arzt beurteilt werden, da an diesen Organen häufiger Tochtergeschwülste (Metastasen) auftreten.

Sehr wichtig können *Laboruntersuchungen* sein. Die Messung der Blutsenkungsgeschwindigkeit gibt Auskunft über den Allgemeinzustand der Patientin. Ein Blutbild zeigt an, wie gut der Körper die vorausgegangenen Therapien verträgt. Um mögliche Organveränderungen frühzeitig zu erkennen, sollten die alkalische Phosphatase und Kalzium (zur Beurteilung des Knochenhaushalts), Gamma-GT und GOT (zwei Enzyme zur Beurteilung der Leberfunktion) und die Tumormarker im Blut bestimmt werden.

Grundsätzlich eignen sich *Tumormarker* nicht als Suchprogramm zur Früherkennung von Brustkrebs. Sie helfen aber bei der Verlaufskontrolle, da ihr Abfallen für einen Therapieerfolg spricht. Steigen sie wieder an oder bleiben sie konstant hoch, spricht das eher für ein Wiederauftreten (Rezidiv) des Brustkrebses oder für einen mangelnden Therapieerfolg, der ein Umstellen der bisherigen Behandlung erfordert. Beim Brustkrebs werden die Tumormarker CEA und CA 15/3 untersucht. Eine Auswertung der Laborergebnisse sollte immer alle Befunde der Patientin berücksichtigen, um über mögliche Konsequenzen entscheiden zu können. So können beispielsweise Therapien mit Frischzellen und Thymusextrakten zu fälschlich erhöhten Tumormarkerwerten führen.

Bei Diagnosestellung oder während des ersten Klinikaufenthaltes wird eine *Ultraschalluntersuchung der Leber* durchgeführt, um Veränderungen zu erkennen. Diese risikofreie Untersuchung sollte anschließend mindestens einmal jährlich stattfinden (Abb. 6-2).

Die Beurteilung des Knochensystems gelingt gut mit der *Skelett- oder Knochenszintigraphie*. Dabei wird eine sehr schwach strahlende Substanz, die sich für kurze Zeit im Knochensystem

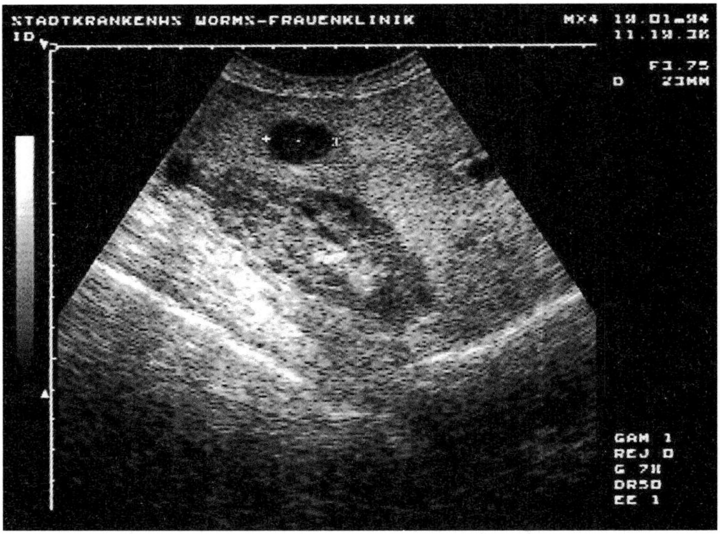

Abb. 6-2: Einzelne Lebermetastase bei einer Patientin mit Brustkrebs

einlagert, in die Armvene gespritzt. Je aktiver die Knochensubstanz ist, um so besser stellt sie sich in einem Szintigramm dar (Abb. 6-3). Knochenmetastasen als aktives Gewebe treten ab einer Größe von einem halben Zentimeter deutlich hervor. Im Rahmen des ersten Krankenhausaufenthaltes ist diese Untersuchung sinnvoll, um ein Ausgangsbild zu haben. Eine grundsätzliche jährliche Wiederholung ist nicht erforderlich. Bei Knochenschmerzen sollte sie aber auf jeden Fall durchgeführt werden.

Einmal jährlich ist eine *Mammographie* erforderlich, da bei brustkrebskranken Frauen häufiger ein neuer Brustkrebs auftritt als bei gleichaltrigen nicht erkrankten Frauen. Eine Röntgenaufnahme der Lunge kann in jährlichem Abstand durchgeführt werden. Sie ist aber nicht zwingend erforderlich.

Jährlich sollte zusätzlich eine *gynäkologische Untersuchung* erfolgen, da Frauen nach Brustkrebs ein etwas erhöhtes Risiko

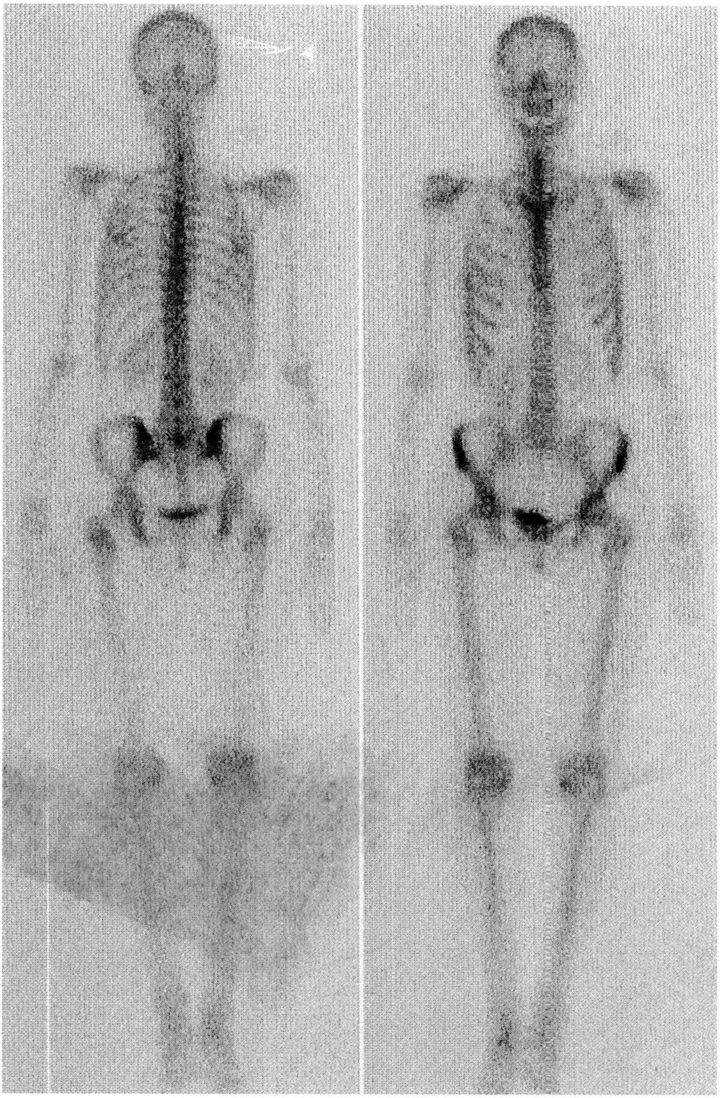

Abb. 6-3: Unauffällige Skelettszintigraphie. Das gesamte Knochensystem ist gleichmäßig und symmetrisch abgebildet

haben, an einem Krebs im Bereich der Gebärmutter oder der Eierstöcke zu erkranken.

Somit hilft es der Patientin und dem Arzt, wenn ein fester *Nachsorgefahrplan* aufgestellt wird. Dieser könnte schematisch gemäß Tabelle 6-2 aussehen.

Auch wenn der Weg zur Nachsorgeuntersuchung schwerfallen mag, sollten Sie sich dazu aufmuntern. Um so erleichterter sind Sie, wenn die Ergebnisse erneut in Ordnung sind. Und sollte wirklich ein auffälliger Befund erhoben werden, kann rechtzeitig mit einer entsprechenden Behandlung begonnen werden.

Tabelle 6-2: Nachsorgefahrplan nach Brustkrebs

Jahre nach Operation	**1. Jahr**				**2. Jahr**				**3. Jahr**				**4. Jahr**		**5. Jahr**		**ab 6. J.**
Monate	**3**	**6**	**9**	**12**	**15**	**18**	**21**	**24**	**27**	**30**	**33**	**36**	**42**	**48**	**54**	**60**	**plus 12**
Krankengeschichte (Anamnese)	+	+	+	+	+	+	+	+	+	+	+	+	+	+	+	+	+
körperliche Untersuchung	+	+	+	+	+	+	+	+	+	+	+	+	+	+	+	+	+
Laboruntersuchung	+	+	+	+	+	+	+	+	+	+	+	+	+	+	+	+	+
Tumormarker	+	+	+	+	+	+	+	+	+	+	+	+	+	+	+	+	+
Mammographie				+				+				+		+		+	+
Leberultraschall		+		+		+		+		+		+	+	+	+	+	+
Skelettszintigraphie				(+)				(+)				(+)		(+)		(+)	(+)
Röntgenaufnahme der Lungen				(+)				(+)				(+)		(+)		(+)	(+)
gynäkologische Untersuchung				+				+				+		+		+	+

7 Der Brustkrebs hat gestreut – was nun?

Der Brustkrebs gehört zu den bösartigen Tumoren, die häufig frühzeitig Tochtergeschwülste bilden. Eine Streuung in den Körper ist über die Lymphbahnen und über die Blutgefäße möglich. Wenn Metastasen gefunden werden, handelt es sich nicht mehr um eine auf die Brust begrenzte Erkrankung, sondern dann ist der ganze Körper betroffen.

Grundsätzlich gilt, je kleiner der Brustkrebs ist, desto geringer ist das Metastasenrisiko.

Deshalb sind die möglichst frühzeitige Entdeckung und Behandlung besonders wichtig.

Die Heilungschancen sinken zwar bei einer Metastasierung, es gibt aber noch zahlreiche Behandlungsmöglichkeiten, die die Streuung begrenzen können. Der Nachweis von Metastasen darf also keinesfalls zur Resignation führen, auch wenn sie ein ernstes Problem darstellen.

Die Behandlung von Metastasen ist abhängig von dem betroffenen Organ, von ihrer Ausdehnung und vom Zeitpunkt ihres Auftretens. Natürlich müssen auch der Allgemeinzustand und eventuelle Vorbehandlungen bei der Therapieplanung berücksichtigt werden.

In abnehmender Häufigkeit sind zumeist Lymphknoten, Knochensystem, Leber, Lunge, seltener Nebenniere, Haut, Eierstöcke und Gehirn befallen.

Lymphknotenmetastasen

Da die Lymphknoten der seitengleichen Achselhöhle sehr häufig Metastasen aufweisen, werden diese möglichst immer bei der Erstoperation mitentfernt. Bei den regelmäßigen Nachsorgeuntersuchungen können eventuelle Metastasen in verbliebenen Lymphknoten getastet werden. Befallene Lymphknoten werden meistens operativ entfernt. Bei schlechtem Allgemeinzustand oder einem zu ausgedehnten Befund kann eine Bestrahlung hilfreich sein.

Knochenmetastasen

Im Gegensatz zu Tochtergeschwülsten in anderen Organen führen Knochenmetastasen häufig zu Schmerzen. Besonders oft sind Wirbelsäule, Beckenknochen, Oberarm- und Oberschenkelknochen und der Schädel betroffen. Neu auftretende Knochen- und Gelenkschmerzen bei Patientinnen mit Brustkrebs sollten Anlaß zu Laborkontrollen (Kalzium, alkalische Phosphatase im Serum) und zur Durchführung einer Skelettszintigraphie geben (Abb. 6-3 und Tabelle 6-2). Bei auffälligen Befunden sind gezielte Röntgenaufnahmen erforderlich.

Bei Brustkrebs führen Knochenmetastasen meist zum Abbau von gesundem Knochengewebe. Der betroffene Knochen wird schwach. Dadurch werden größere Brüchigkeit und Schmerzen verursacht. Knochenmetastasen sprechen häufig auf eine hormonelle Therapie an, während eine Chemotherapie seltener erfolgreich ist. Auch eine gezielte Strahlenbehandlung ist häufig sinnvoll. Schmerzen können dadurch gelindert werden, eine Stabilisierung mit Vermeidung von Knochenbrüchen ist möglich. Bei ausgedehnten Befunden vor allem im Bereich der Wirbelsäule und der Arm- und Beinknochen ist eine Operation zur Stabilisierung des Knochens erforderlich, bei der meist Metallplatten oder Metallstäbe dem Knochengerüst Halt geben. Diese Operationen führen Orthopäden oder Chirurgen durch.

Zusätzlich zu den genannten Maßnahmen können Medikamente eingenommen werden, die den Knochenabbau hemmen, ohne direkt gegen die Krebszellen zu wirken. Solche Diphosphonate lindern Schmerzen und können den befallenen Knochen stabilisieren. Sie werden als Infusionen oder in Tablettenform gegeben. Die Einnahme muß ärztlich überwacht werden, um Überdosierungen mit entsprechenden Nebenwirkungen zu vermeiden.

Lebermetastasen

Die Leber wird ebenfalls regelmäßig bei den Nachsorgeuntersuchungen kontrolliert (Abb. 6-2 und Tabelle 6-2). Labortests aus dem Blut (Gamma-GT, GOT) und Ultraschalluntersuchungen können auf eine Lebermetastasierung hinweisen. Bei Verdacht ist eine Computer- oder Kernspintomographie gegebenenfalls mit Punktion des verdächtigen Herdes erforderlich, um die Diagnose zu sichern. Hat sich der Verdacht bestätigt, gibt es verschiedene Therapiemöglichkeiten. Lebermetastasen können sich durch eine Chemotherapie zurückbilden. Üblicherweise wird sie als Kombinationstherapie (Polychemotherapie) über eine Armvene gegeben. Aufwendiger, aber manchmal wirkungsvoller, ist die Medikamentengabe über Spezialkatheter, die direkt in einem Lebergefäß liegen.

Eine Hormontherapie kann versucht werden, wenn die Chemotherapie nicht anspricht oder nicht vertragen wird. Eine Bestrahlung von Lebermetastasen ist nicht möglich. Wenn eine einzelne Metastase in der Leber gefunden wird, ist auch eine Operation denkbar, bei der der befallene Leberanteil entfernt wird.

Lungenmetastasen

Lungenmetastasen führen häufig zu Atemnot. Diese wird durch die Ausbildung von Rippenfellergüssen (Pleuraerguß) verstärkt. Schmerzen treten selten auf. Eine allgemeine Therapieempfehlung kann nicht gegeben werden. Eine Chemotherapie ist manchmal sinnvoll. Häufig sind aber nur noch Maßnahmen möglich, die die Beschwerden lindern. Vor allem das Ablassen von Rippenfellergüssen führt vorübergehend zu deutlich verbesserter Atmung, die durch Sauerstoffgabe unterstützt werden kann.

Die Behandlung anderer Organmetastasen muß im Einzelfall geplant werden. Häufig ist eine Kombination von Operation, Medikamenten und Bestrahlung notwendig, wobei der Allgemeinzustand der Patientin berücksichtigt werden muß. Viel hilft nicht immer viel, und eine Therapie sollte sorgfältig überlegt und besprochen werden.

Bilden sich die Metastasen unter der entsprechenden Behandlung zurück, ist es sinnvoll, sie längerfristig fortzusetzen. Wird ein weiteres Wachstum festgestellt, sollte rechtzeitig auf ein anderes Therapieschema übergegangen werden. Bleiben Sie auf jeden Fall in engem Kontakt mit Ihren behandelnden Ärzten.

8 Der Brustkrebs kommt wieder – was nun?

Das Rezidiv

Der Brustkrebs zählt zu den bösartigen Erkrankungen, die nach vorübergehender Heilung wieder aufflackern können. Auch wenn die Gefahr des erneuten Krankheitsausbruchs (Rezidiv) mit zunehmenden Jahren nach der Erstoperation geringer wird, sind Rezidive noch nach vielen Jahren und Jahrzehnten möglich. In diesem Sinne gibt es beim Brustkrebs keine Fünf-Jahres-Heilung. Für die betroffenen Patientinnen ist es besonders wichtig, daß sie die Tumornachsorge nicht nach ein paar Jahren abbrechen.

Eine lebenslange, möglichst halbjährliche Kontrolluntersuchung sollte auf jeden Fall gewährleistet sein.

Im Unterschied zur Metastasierung bedeutet ein Rezidiv das erneute Wachsen von Tumorzellen im Bereich der erkrankten und behandelten Brust. Es kann wiederum ein Tumorknoten im Bereich der voroperierten Brust sicht- und fühlbar werden. Weiterhin finden sich häufig kleine Knötchen im Bereich der Narbe oder der umliegenden Haut. Rezidive sind meistens schmerzlos.

Für Rezidive gilt wie für die Metastasen, daß eine Behandlung um so aussichtsreicher ist, je früher sie erkannt werden und je kleiner der neu aufgetretene Befund ist.

Bei einem Rezidiv ist die Therapie der ersten Wahl die Operation. Dabei müssen alle erkennbaren Veränderungen entfernt werden. Falls größere Hautbezirke betroffen sind, können ausgedehnte plastische Operationen notwendig werden, um die entstandenen Hautdefekte zu decken. Wenn man nicht sicher ist, wirklich alle Haut- und Narbenrezidive entfernt zu haben, können die betroffenen Areale nachbestrahlt werden. Das Vorgehen muß für jede Patientin persönlich geplant werden, da eine Nachbestrahlung nicht beliebig oft wiederholt werden kann. Somit werden die Behandlungsmöglichkeiten bei wiederholt auftretenden Rezidiven immer begrenzter.

Bei wiederholten Rezidiven, die nicht mehr operiert werden können, hat sich der Einsatz einer Chemotherapie oder einer Hormontherapie bewährt. Mit diesen Maßnahmen ist eine Rückbildung von Rezidiven möglich. Weiterhin kann die Zeit bis zum erneuten Auftreten von Tumorknoten verlängert werden. Eine komplette Heilung ist bei diesen Verläufen leider nicht mehr zu erwarten. Umgekehrt schränkt das örtlich begrenzt wachsende Rezidiv kaum die Lebensqualität der Patientin ein. Sie kann also weitgehend ihr gewohntes Leben führen, ohne daß lebenswichtige Körperfunktionen beeinträchtigt sind. Um so mehr lohnt sich die Therapie der Rezidive. Hilfreich ist sicher auch das Gespräch mit Ärzten, Angehörigen oder Betroffenen, die Ihnen aus ihrer Erfahrung heraus Trost und Mut zusprechen können.

Die fortgeschrittene Erkrankung

Trotz intensiver Krebsforschung und einer Fülle von Behandlungsmethoden ist der Brustkrebs nicht immer heilbar. Es kann sich folglich ein *Spätstadium* entwickeln, in dem es zu einer zunehmenden Schwächung des gesamten Körpers kommt. Die Patientinnen versterben nicht an dem Brusttumor selbst, sondern an den Tochtergeschwülsten (Metastasen) oder an den Folgen der körperlichen Auszehrung. Je nach Metastasensitz kann der Krankheitsverlauf sehr unterschiedlich sein. Die häufig gestellte Frage: »Wie lange lebe ich noch?« läßt sich fast nie beantworten.

Die meisten schwerkranken Menschen fürchten weniger den Tod als das qualvolle Sterben mit großen Schmerzen. Bei diesen fortgeschrittenen Krankheitsverläufen kommt deshalb einer Schmerztherapie ganz besondere Bedeutung zu. Der betreuende Arzt sollte sich zum Ziel setzen, bei der Patientin fortdauernde Schmerzfreiheit zu erzielen. Die Bedarfstherapie, bei der die Patientin immer, wenn sie Schmerzen hat, entsprechende Medikamente einnimmt, ist nicht sinnvoll. Sie sollte einen festen Einnahmeplan haben, der Schmerzen gar nicht erst aufkommen läßt.

Für jede Patientin sollte ihr persönlicher Therapieplan erstellt werden. Häufig müssen erst die geeigneten Medikamente und ihre richtige Dosierung gefunden werden, bis wirkliche Schmerzfreiheit erreicht ist. Sprechen Sie offen mit den Ärzten, damit Sie Ihren Erfordernissen gemäß eingestellt werden können. Der Krebsschmerz läßt sich nicht mit leichten Schmerzmitteln ausreichend behandeln.

Oft ist eine Morphiumtherapie erforderlich, um den Krankheitsverlauf für die Patientin erträglicher zu machen. Der Einsatz von Morphintabletten hat sich sehr bewährt. Bei fortgeschrittener Erkrankung sollten sie nicht zu zögerlich gegeben werden. Bei richtiger Anwendung sind weder Sucht noch andauernde Schläfrigkeit zu befürchten. Anfängliche Übelkeit und Erbrechen bessern sich nach einigen Tagen der Anwendung. Eine häufig auftretende Neigung zur Verstopfung kann mit einem leichten Abführmittel beseitigt werden.

All diese Maßnahmen brauchen nicht in einer Klinik durchgeführt zu werden. Gegen eine ambulante Therapie, die auch zu Hause möglich ist, gibt es keine medizinischen Einwände. Sicher wird der Hausarzt bereit sein, seine Patientinnen bei diesen fortgeschrittenen Verläufen zu begleiten. Er kann auch entscheiden, ob und wann eine Krankenhauseinweisung erforderlich ist. Dabei müssen immer das Umfeld und die Wünsche der Patientin Berücksichtigung finden, um bei hoffnungslosen Verläufen ein würdevolles Sterben zu ermöglichen.

9 Welche sozialen Hilfen gibt es?

Brustkrebskranke Frauen haben häufig wegen des lang andauernden Krankheitsverlaufes neben der körperlichen und seelischen Belastung auch soziale Nachteile in Kauf zu nehmen. Deshalb sind entsprechende Informationen wichtig, um die ihnen zustehenden Hilfen in Anspruch nehmen zu können. In diesem Kapitel wird versucht, den aktuellen Stand darzustellen, ohne jedoch Anspruch auf Vollständigkeit erheben zu wollen. Bei allen noch offenen Fragen sollte unbedingt der Kontakt zu den entsprechenden Behörden, Krankenkassen und Selbsthilfegruppen gesucht werden.

Nach- und Festigungskuren

Unmittelbar nach dem Krankenhausaufenthalt ist eine stationäre *Anschlußheilbehandlung* (AHB) in speziellen Sanatorien möglich. Der Antrag kann schon während des Krankenhausaufenthaltes über den behandelnden Arzt oder eine zuständige Sozialarbeiterin gestellt werden. Eine Anschlußheilbehandlung kann zur rascheren Erholung von Körper und Geist nach den oft anstrengenden Behandlungen sehr hilfreich sein.

Weiterhin ist es möglich, nach einer chirurgischen, strahlen- oder chemotherapeutischen Behandlung eine *Nach- oder Festigungskur* zu beantragen. Die Kur dauert vier Wochen, eine Verlängerung ist möglich. Der Versicherungsträger, in der Regel die Bundesversicherungsanstalt für Angestellte oder die Landesversicherungsanstalt, gewährt eine Kur für Versicherte, Ehegatten, Rentner, Hinterbliebene und Angehörige.

Besondere Vorschriften gelten für Beamtinnen, die sich bei der für sie zuständigen Krankenkasse beraten lassen sollten.

Innerhalb von drei Jahren nach Erkrankungsbeginn können drei Kuren gewährt werden. Antragsformulare erhält man bei der Krankenkasse oder bei den Zweigstellen der Versicherungsanstalten. Den Kurort bestimmt die Versicherungsanstalt. Eine Zuzahlung von einhundert bis einhundertfünfzig Mark ist üblich. Wenn Sie Kinder unter zwölf Jahren oder ein behindertes Kind versorgen, haben Sie die Möglichkeit, eine Haushaltshilfe zu beantragen.

Krankenkassenleistungen

In der ambulanten Versorgung sprechen Sie am besten mit Ihrem zuständigen Sachbearbeiter, welche Kosten übernommen werden können. Die Krankenhausbehandlung wird für die Dauer der Erkrankung von der Krankenkasse gezahlt. Die Patientin zahlt für die Krankenhauspflege innerhalb eines Kalenderjahres für maximal vierzehn Tage zwölf DM (West) beziehungsweise neun DM (Ost) pro Tag.

Krankengeld in Höhe von achtzig Prozent des Einkommens wird gezahlt, wenn bei fortbestehender Arbeitsunfähigkeit die sechswöchige Lohnfortzahlung des Arbeitgebers entfällt. Krankengeld wird für höchstens achtundsiebzig Wochen innerhalb von drei Jahren bezahlt. Bei längerer Arbeitsunfähigkeit kann eine Berentung erfolgen.

Unter entsprechenden Voraussetzungen können auch Haushaltshilfe, häusliche Krankenpflege oder häusliche Pflegehilfe beantragt werden. Klären Sie Ihre persönlichen Ansprüche und Möglichkeiten mit Ihrer Krankenkasse ab.

Schwerbehindertenrecht

Möglichst bald nach der Brustkrebsoperation sollte man einen *Schwerbehindertenausweis* beim zuständigen Versorgungsamt beantragen. Alle Frauen mit einem Grad der Behinderung von wenigstens fünfzig Prozent gelten als schwerbehindert und können eine Reihe von finanziellen Vergünstigungen erwarten. Den Grad der Behinderung legen Ärzte des Versorgungsamtes aufgrund der Krankenunterlagen fest. Nach der Operation eines bösartigen Brustdrüsentumors ist in den ersten fünf Jahren eine Heilungsbewährung abzuwarten. Während dieser Zeit liegt der Grad der Behinderung zwischen fünfzig und sechzig Prozent, in fortgeschrittenen Stadien bei mindestens achtzig Prozent. Sie können also beispielsweise mit einem Nachteilsausgleich bei der Lohn- und Einkommensteuer rechnen.

Berufstätige Frauen haben mit dem Schwerbehindertenausweis einen besonderen Kündigungsschutz. Jährlich steht ihnen ein Zusatzurlaub von einer Arbeitswoche zu. Lehrerinnen erhalten eine Ermäßigung der Schulpflichtstunden.

Lassen Sie vom Versorgungsamt weiterhin prüfen, inwieweit Sie mit Vergünstigungen bei der PKW-Haltung, bei Benutzung öffentlicher Verkehrsmittel, bei Rundfunk- und Telefongebühren und beim Wohngeld rechnen können.

Als Schwerbehinderte erhält man außerdem Ermäßigungen beim Besuch von Hallen- und Schwimmbädern, von Museen, von Theater- und Konzertveranstaltungen und manchmal bei der Belegung von Volkshochschulkursen.

In Österreich kann man als Schwerbehinderte verbilligt mit Kabinenbahnen und Sesselliften fahren. Fragen Sie am besten vor Ort.

Als Schwerbehinderte können Sie mit Vollendung des sechzigsten Lebensjahres flexible Altersrente beantragen. Voraussetzung ist der Nachweis von fünfunddreißig Versicherungsjahren.

Berentung

Berufstätigen ist zu empfehlen, zunächst Krankengeld von der zuständigen Krankenkasse zu beziehen.

Kündigen Sie auf keinen Fall von Ihrer Seite aus.

Nach einer entsprechenden Ausfallzeit wegen der Brustkrebserkrankung kann mit dem betreuenden Arzt und der Krankenkasse geprüft werden, ob aus gesundheitlichen Gründen eine weitere Berufstätigkeit möglich ist, oder ob eine Berentung sinnvoller ist. Dabei sollte unbedingt an die Möglichkeiten der *Rehabilitation* und der *Umschulung* gedacht werden. Wenn die versicherungsrechtlichen Voraussetzungen erfüllt sind, kann auch die nichtberufstätige Frau in Einzelfällen bei einer Krebserkrankung eine Rente beantragen.

Berufsunfähigkeitsrente wird der Versicherten gewährt, deren Erwerbstätigkeit durch die Brusterkrankung so weit reduziert ist, daß sie nicht mehr die Hälfte einer vergleichbaren gesunden Versicherten verdienen kann. Als Teilrente beträgt die Berufsunfähigkeitsrente zwei Drittel der Erwerbsunfähigkeitsrente. Sie kann auch befristet werden. Ein Hinzuverdienst ist in bestimmtem Rahmen erlaubt.

Erwerbsunfähigkeitsrente wird der Versicherten gewährt, die durch die Folgen des Brustkrebses und der Therapiemaßnahmen nicht mehr regelmäßig einer Erwerbstätigkeit nachgehen kann. Sie ist eine Vollrente und kann ebenfalls befristet sein. Ein Hinzuverdienst ist nur in sehr geringem Umfang möglich.

Die dauerhafte Berentung ist nicht immer vorteilhaft. Die endgültige Ausgrenzung aus dem Arbeitsprozeß fördert nicht unbedingt die Heilung, sondern unterstützt möglicherweise einen ungünstigen Krankheitsverlauf. Vielen an Brustkrebs erkrankten Frauen kann eine Rückkehr in ihren Beruf besser helfen, die Krankheit zu bewältigen und möglichst rasch wieder in den Alltag zurückzukehren. Ein erfüllter Beruf kann vor Isolierung und Vereinsamung schützen.

Alle weiteren Fragen zum Thema »Rente« sollten Sie mit der Beratungsstelle des jeweils zuständigen Rentenversicherungsträgers (zumeist LVA oder BfA) erörtern.

Sozialhilfe

Im Bedarfsfall haben Personen, die über keinerlei Einkünfte und Vermögen verfügen und auch von anderen Stellen oder Personen keine ausreichenden Hilfen erhalten, Anspruch auf Leistungen nach dem Bundessozialhilfegesetz. Dabei können Hilfen zum Lebensunterhalt, aber auch zur Miete und ein Heizkosten- oder Bekleidungszuschuß gewährt werden. Für diese vielfältigen Hilfsmöglichkeiten ist das *Sozialamt* zuständig. Scheuen Sie nicht den Weg dorthin, auch wenn er leider mit vielen Vorurteilen behaftet ist. Verzichten Sie aber nicht aus falscher Scham heraus auf eine mögliche Unterstützung, die Ihnen Ihr Leben leichter machen kann.

10 Glossar

Ablatio mammae:
Entfernung der Brust

adjuvante Therapie:
unterstützende Krebsbehandlung, die beispielsweise als Chemotherapie oder Bestrahlung nach der Operation eingesetzt wird

Anamnese:
Krankengeschichte

Androgen:
männliches Geschlechtshormon, das mit zunehmendem Alter auch bei Frauen vermehrt nachweisbar ist

Antimetabolite:
Medikamente, die die Zellteilung hemmen und bei einer Chemotherapie eingesetzt werden

Antiöstrogene:
blockieren die wachstumsfördernde Wirkung von Östrogenen auf Brustkrebszellen und werden als Hormontherapie bei Brustkrebs eingesetzt

Axilla:
Achselhöhle

bilateraler Brustkrebs:
gleichzeitiges Auftreten von Krebs in beiden Brüsten

Chemotherapie:
medikamentöse Behandlung von Krebs mit wachstumshemmenden Substanzen

Dopplersonographie:
spezielle Ultraschalluntersuchung der Brust

Expanderprothese:
operativ einsetzbare Brustprothese, die sich langsam bis zur gewünschten Größe von außen auffüllen läßt

Farbdopplersonographie:
spezielle farbige Ultraschalluntersuchung der Brust

Galaktographie:
Röntgendarstellung der Milchgänge nach Auffüllen mit einem Kontrastmittel

Gestagen:
weibliches Geschlechtshormon, das im Gelbkörper gebildet wird

Hypophyse:
Hirnanhangsdrüse

Immunmodulatoren:
körpereigene Substanzen, die das Immunsystem aktivieren können

Implantation:
Einpflanzung

inflammatorischer Brustkrebs:
Brustkrebs, der wie eine Entzündung aussieht

Kapselfibrose:
derbes Bindegewebe, das sich um eine eingepflanzte Brustprothese bilden kann und zur Verformung führt

Karzinom:
Krebsgeschwulst, bösartiger Gewebeknoten

Knochenszintigraphie:
spezielle Untersuchung, mit der sich Tochtergeschwülste im Knochen nachweisen lassen

Leukozyten:
weiße Blutkörperchen

Lumpektomie:
Entfernung des Tumors mit umliegendem gesundem Gewebe. Brusterhaltendes Operationsverfahren bei Brustkrebs

Lymphdrainage:
spezielle Massagetechnik zur Behandlung des Lymphödems

Lymphknoten:
bis erbsengroße Filterstationen der Lymphflüssigkeit, in die sich Krebszellen einlagern können

Lymphödem:
unerwünschte Einlagerung von Gewebewasser durch gestörten Lymphabfluß, die zu Schwellung, Schmerzen und Bewegungseinschränkung des betroffenen Armes führen kann

Malignität:
Bösartigkeit

Mamma:
weibliche Brust

Mammaprothese:
Brustersatz, zumeist aus Silikon

Mammographie:
Röntgenaufnahme der weiblichen Brust

Mastektomie:
Brustentfernung

Mastopathie:
gutartige, knotige Bindegewebserkrankung der weiblichen Brust

Metastase:
Tochtergeschwulst, Absiedlung von Krebszellen in anderen Organen

Mikrokalk:
kleinste Kalkherde in der Brustdrüse, die in der Mammographie sichtbar werden und verdächtig für Brustkrebs sind

Morbus Paget:
spezieller Brustkrebs, der in die Brustwarze einwächst und dort zu Hautveränderungen führt

multifokaler Brustkrebs:
gleichzeitiges Entstehen mehrerer Krebsknoten in der gleichen Brust

multizentrischer Brustkrebs:
gleichzeitiges Entstehen mehrerer Krebsknoten in der gleichen Brust

neoadjuvante Therapie:
unterstützende Behandlung, die schon vor einer geplanten Krebsoperation begonnen wird

Östrogen:
weibliches Geschlechtshormon, das vor allem in den Eierstöcken gebildet wird

Onkogene:
Erbmaterial, das zur Bösartigkeit von Zellen führen kann

Ovar:
Eierstock

Pathologe:
Facharzt, der entferntes Körpergewebe im Mikroskop untersucht und beurteilt

Polychemotherapie:
Kombination mehrerer zellhemmender Medikamente zur Behandlung von Krebs

Prechtel I–III:
Einteilung von (noch) gutartigen Zellveränderungen der weiblichen Brust. Prechtel III gilt als Krebsvorstufe

Punktion:
Entnahme von Zellen oder Gewebsflüssigkeit mit einer Spritze

Quadrant:
Viertel der weiblichen Brust

Quadrantektomie:
Entfernung eines Brustviertels

Rekonstruktion:
Wiederaufbau

Rezeptor:
Eiweißkörper in Zellwänden, an die sich Hormone binden können und so entsprechende Zellreaktionen auslösen

Rezidiv:
erneutes Auftreten von Krebs an einer bereits behandelten Stelle

Skelettszintigraphie:
spezielle Knochenuntersuchung, mit der sich Tochtergeschwülste im Skelettsystem nachweisen lassen

Sonographie:
Ultraschalluntersuchung

subkutane Mastektomie:
Entfernung des gesamten Brustdrüsengewebes unter Belassung von Haut und Brustwarze. Brusterhaltendes Operationsverfahren bei Brustkrebs

Thermographie:
spezielle Untersuchungsmethode der Brust aufgrund unterschiedlicher Temperaturzonen

Tripeldiagnostik:
Untersuchung der Brust mittels Abtasten, Röntgenaufnahme und Feinnadelpunktion

Tumor:
gut- oder bösartiger Gewebeknoten

Tumormarker:
Eiweißsubstanzen, die sich bei bestimmten Krebsarten im Blut nachweisen lassen (zum Beispiel CEA und CA 15/3)

Uterus:
Gebärmutter

Zysten:
flüssigkeitsgefüllte Bindegewebskapseln, die häufig in der weiblichen Brust vorkommen und zumeist gutartig sind

Zytostatika:
Medikamente, die das Wachstum und die Vermehrung von Krebszellen hemmen können

11 Medikamentenspiegel

Dieser Medikamentenspiegel soll einen kurzen Überblick über die bei der Behandlung von Brustkrebs häufig eingesetzten Präparate geben. Dabei werden einige gängige Medikamente genannt, ohne Anspruch auf Vollständigkeit erheben zu wollen.

Alkylantien schädigen das Erbmaterial (DNS) und hemmen so die Zellteilung (Zytostatika).
Beispiele: Cyclophosphamid; Endoxan

Antibiotika wirken normalerweise gegen Infektionserreger. Modifizierte Antibiotika (Zytostatika) können Tumorzellen hemmen.
Beispiele: Adriblastin; Doxorubicin; Epirubicin

Antimetabolite blockieren den Zellstoffwechsel und hemmen so die Zellteilung (Zytostatika).
Beispiele: Fluorouracil; Methotrexat

Antiöstrogene blockieren die wachstumsfördernde Wirkung von Östrogenen auf Brustkrebszellen und werden als Hormontherapie bei Brustkrebs eingesetzt.
Beispiele: Kessar; Nolvadex; Tamofen; Tamoxifen

Aromatasehemmer blockieren die Bildung von Östrogenen und werden als Hormontherapie bei Brustkrebs eingesetzt.
Beispiele: Lentaron; Orimeten

Diphosphonate fördern bei Knochenmetastasen den Knochenaufbau und lindern Knochenschmerzen.
Beispiele: Aredia; Ostac

Gestagene hemmen in hoher Dosierung die Zellteilung und werden als Hormontherapie bei Brustkrebs eingesetzt.
Beispiele: Clinovir; Farlutal; Medroxyprogesteronacetat (MPA)

Granulozyten Koloniestimulierende Faktoren fördern die Bildung von weißen Blutkörperchen im Knochenmark und können während einer Chemotherapie eingesetzt werden.
Beispiele: Granocyte; Leucomax; Neupogen

LH-RH-Antagonisten blockieren die Bildung von Östrogenen und werden als Hormontherapie bei Frauen vor den Wechseljahren mit Brustkrebs eingesetzt.
Beispiel: Zoladex

Morphinderivate schalten die Schmerzzentren im Gehirn aus und werden bei Tumorschmerzen eingesetzt.
Beispiele: Capros; MST

Serotoninantagonisten schalten das Brechzentrum im Gehirn aus und werden wirkungsvoll gegen Übelkeit und Brechreiz während der Chemotherapie eingesetzt.
Beispiele: Navoban; Zofran

12 Adressen

Bayrische Krebsgesellschaft e.V.
Tumblingerstraße 4
80337 München

Bundesarbeitsgemeinschaft
»Hilfe für Behinderte«
Kirchfeldstraße 149
40215 Düsseldorf

Bundesverband der Arbeiterwohlfahrt e. V.
Marie-Juchacz-Haus
Oppelner Straße 130
53119 Bonn

Bundeszentrale für gesundheitliche Aufklärung
Postfach 91 01 52
51071 Köln

Deutsche Arbeitsgemeinschaft
Selbsthilfegruppen
Friedrichstraße 28
35392 Gießen

Deutscher Caritasverband e.V.
Karlstraße 40
79104 Freiburg im Breisgau

Deutsches Krebsforschungszentrum (DKFZ)
Im Neuenheimer Feld 280
69120 Heidelberg

Deutsche Krebsgesellschaft e.V.,
Geschäftsstelle
Paul-Ehrlich-Straße 41
60596 Frankfurt/Main

Deutsche Krebsgesellschaft, Landesverbände in den Neuen Ländern

Brandenburg
Heinrich-Mann-Allee 103
Haus 16
14473 Potsdam

Mecklenburg-Vorpommern
Radiologische Klinik
Lübecker Straße 276
19049 Schwerin

Sachsen
Klinik für Innere Medizin B
Städt. Klinikum Heinrich Braun
Karl-Keil-Straße 35
08060 Zwickau

Sachsen-Anhalt
Klinik für Chirurgie
Martin-Luther-Universität
Ernst-Grube-Straße 40
06120 Halle

Thüringen
Klinik für Innere Medizin II
Klinikum der Friedrich-Schiller-Universität
Erlanger Allee 101
07740 Jena

Deutsche Krebshilfe e.V.
Thomas-Mann-Straße 40
53111 Bonn

Deutsche Krebsnachsorge e.V.
Hubertusstraße 32
42697 Solingen

Deutscher Paritätischer Wohlfahrtsverband
Heinrich-Hoffmann-Straße 3
60528 Frankfurt/Main

Deutsches Rotes Kreuz
Präsidium
Friedrich-Ebert-Allee 71
53113 Bonn

Deutsche Schmerzhilfe e.V.
Woldsenweg 3
20249 Hamburg

Deutscher Sportbund
Otto-Fleck-Schneise 12
60528 Frankfurt/Main

Frauenselbsthilfe nach Krebs e.V., Bundesverband
B6, 10/11
68159 Mannheim

Frauenselbsthilfe nach Krebs e.V., Landesverbände
Baden-Württemberg
Marktplatz 10
78647 Trossingen

Brandenburg
Straße der DSF 14
16303 Schwedt/Oder

Hessen
Schloßgartenplatz 14
64289 Darmstadt

Mecklenburg-Vorpommern
Chausseestraße 1
18581 Lauterbach

Niedersachsen
Auf der Höhe 30
37444 St. Andreasberg

Nordrhein-Westfalen
Oemberg 53
45481 Mülheim

Rheinland-Pfalz
Dr.-Martin-Luther-Straße 4a
67259 Beindersheim

Sachsen
Jägerstraße 18
01705 Freital

Sachsen-Anhalt
Kavalierstraße 45
06844 Dessau

Thüringen
C.-v.-Brueger-Straße 22
07749 Jena

Genesendenhilfe e.V.
Steindamm 87
20099 Hamburg

Gesellschaft für biologische Krebsabwehr
Postfach 102549
69015 Heidelberg

Interessengemeinschaft brustamputierter Frauen
Kaiserallee 88
12277 Berlin

Krebsinformationsdienst (KID)
Im Neuenheimer Feld 280
69120 Heidelberg
Telefonische Beratung:
06221/410121
Mo–Fr: 8.00–20.00 Uhr

Psychosoziale Beratungs- und Betreuungsstelle von Tumorpatienten des Westdeutschen Tumorzentrums (WTZ)
Hufelandstraße 55
45147 Essen

Selbsthilfe Krebs im Albrecht-Achilles-Haus
Albrecht-Achilles-Straße 59
10709 Berlin

Selbsthilfegruppe nach Krebs e.V.
Pflugstraße 68
40470 Düsseldorf

Westdeutsches Tumorzentrum
Hufelandstraße 55
45147 Essen

Internationale Selbsthilfe-Organisationen

Österreich
Frauenselbsthilfe nach Krebs
Obere Augarten-Straße 26–28
A-1020 Wien

Schweiz
Leben wie zuvor
Unt. Rebbergstraße 96
CH-4135 Reinach

13 Literatur

Alt, D./von Boehm, G./Weiss, G. (Hg.) (1986), Miteinander reden – Brustkrebskranke Frauen sprechen mit Experten. Springer, Berlin, Heidelberg, New York

Alt, D./Weiss, G. (Hg.) (1991), Im Leben bleiben, Psychologische Aspekte der Nachsorge brustkrebskranker Frauen. Springer, Berlin, Heidelberg, New York

Buddeberg, C. (1985), Ehen krebskranker Frauen. Urban und Schwarzenberg, München

Gros, R. (1987), Die weibliche Brust – Handbuch und Atlas. de Gruyter, Berlin, New York

van Heyst, I. (1982), Das Schlimmste war die Angst – Geschichte einer Krebserkrankung und ihrer Heilung. Fischer, Frankfurt a. M.

Meerwein, F. (1985), Einführung in die Psychoonkologie. Klett, Stuttgart

Schmidt-Matthiesen, H./Bastert, G. (1984), Gynäkologische Onkologie. Schattauer Verlag, Stuttgart, New York

Schnurre, M./Kreibich-Fischer, R. (1987), Ich will fliegen, leben, tanzen. Herder, Freiburg

Tausch, A. (1987), Gespräche gegen die Angst. Rowohlt, Reinbek b. Hamburg

Verres, R. (1985), Krebs und Angst. Springer, Berlin, Heidelberg, New York

Wander, M. (1984), Leben wäre eine prima Alternative. Luchterhand, Darmstadt

Wulf, K.-H. / Schmidt-Matthiesen, H. (1991), Klinik der Frauenheilkunde und Geburtshilfe, Bände 10–12; 3. Auflage. Urban und Schwarzenberg, München, Wien, Baltimore

Zink, J. (1987), Trauer hat heilende Kraft. Kreuz, Stuttgart

Sachregister

Sachlich, kompetent, verständlich: Die Patienten-Ratgeber der Serie Gesundheit

SP 1754

SP 1830

SP 1831

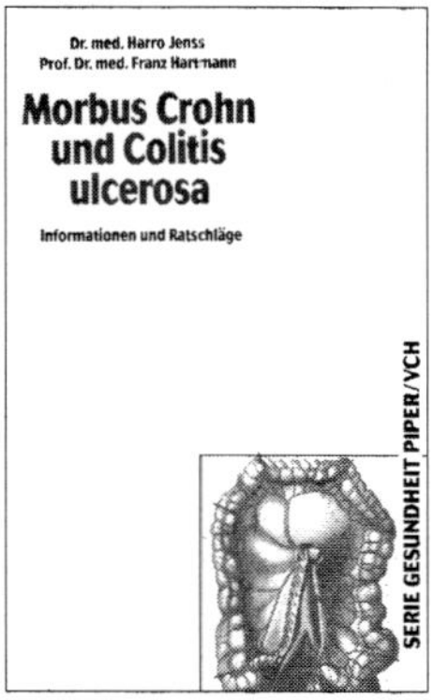

SP 1832

SP 1833

SP 1834

PIPER / C & H